SUPERFOOD
SALAT

DR. BARBARA RIAS-BUCHER
SUPERFOOD
SALAT

65 Rezepte für alle Jahreszeiten

★ Mit basischen Salaten zur Entsäuerung ★

Haben Sie Fragen an Barbara Rias-Bucher?
Anregungen zum Buch?
Erfahrungen, die Sie mit anderen teilen möchten?

Nutzen Sie unser Internetforum:
www.mankau-verlag.de

Impressum

Bibliografische Information der Deutschen Nationalbibliothek
Die Deutsche Nationalbibliothek verzeichnet diese Publikation in der Deutschen Nationalbibliografie; detaillierte bibliografische Daten sind im Internet über http://dnb.d-nb.de abrufbar.

Dr. Barbara Rias-Bucher
Superfood Salat
65 Rezepte für alle Jahreszeiten
1. Auflage März 2016
ISBN 978-3-86374-293-5

Mankau Verlag GmbH
Postfach 13 22, D-82413 Murnau a. Staffelsee
Im Netz: www.mankau-verlag.de
Internetforum: www.mankau-verlag.de/forum

Lektorat: Josef K. Pöllath M. A., Dachau
Endkorrektorat: Susanne Langer M. A., Traunstein
Cover/Umschlag: X-Design, München, unter Verwendung eines Fotos von Ives Hebinger, Türkheim
Bildredaktion: Dr. Barbara Rias-Bucher, Lydia Kühn
Layout und Satz: Lydia Kühn, Aix-en-Provence, Frankreich
Energ. Beratung: Gerhard Albustin, Raum & Form, Winhöring

Bildnachweis:
© **Fotolia** 2: Iuliia Metkalova; 5 (oben), 22: Anna E.; 5 (Mitte), 11, 36/37: M.studio; 5 (unten, links), 44: Lukas Gojda; 5 (unten, rechts), 50, 123: kitchenkiss.de; 6 (oben), 60/61: Markus Mainka; 6 (Mitte, rechts), 7 (oben, rechts), 80, 93, 111: vanillaechoes; 6 (Mitte, quer), 7 (oben, quer), 86/87: Dani Vincek; 7 (Mitte), 118/119: StefanieB.; 9: anna_shepulova; 13, 32 (oben): ExQuisine; 14: emer; 15 (oben): Christian Pedant; 15 (unten): Barbara Pheby; 16: Björn Wylezich; 17 (oben): janvier; 17 (unten): PhotoSG; 20/Umschlag, 30: silencefoto; 21 (Mitte): Thomas Francois; 24: gertrudda; 25 (oben), 26 (oben), 27 (oben), 31 (oben): BillionPhotos.com; 25 (unten): manulito; 26 (unten): unverdorben; 28: Digitalpress; 29: tunedin; 33: akf; 34 (oben): unpict; 34/35 (unten): Marek; 35 (oben): Jiri Hera; 38, 10, 125: zoryanchik; 41, 49, 56, 58, 72, 126, 141/Umschlag: superfood; 42, 47, 108, 117: okkijan2010; 45: sugar0607; 52: fahrwasser; 53: lilechka75; 57: Corinna Gissemann; 63: lidante; 64: fotofund; 65: Johanna Mühlbauer; 66: mpessaris; 71: Mikhail Malyugin; 76: dream79; 77: nata_vkusidey; 79: mariashumova; 82, 131/Umschlag: sarsmis; 85, 139: Brent Hofacker; 89: Kati Molin; 91: chiyacat; 94: cook_inspire; 98/Umschlag: annapustynnikova; 101: Oran Tantapakul; 102: blende40; 104: rickegrant; 107: lilechka75; 109: Jacek Chabraszewski; 113: Kitty; 114: manyakotic; 116: kiboka; 121: FOOD-micro; 124: olhaafanasieva; 128: Eva Gruendemann; 133: Viktorija; 134: prosiaczeq; 137: merc67; 138: zia_shusha
© **shutterstock**: Natalia Bulatova (Umschlag Hintergrund)
© **Barbara Rias-Bucher**: 19/Umschlag; 21 (Mitte); 23; 69; 74; 90; 97; Umschlag (Porträtfoto)
© **Yves Hebinger**: 55/Umschlag

Druck: Westermann Druck Zwickau GmbH, Zwickau/Sachsen

Hinweis für die Leser:
Die Autorin hat bei der Erstellung dieses Buches Informationen und Ratschläge mit Sorgfalt recherchiert und geprüft, dennoch erfolgen alle Angaben ohne Gewähr. Verlag und Autorin können keinerlei Haftung für etwaige Schäden oder Nachteile übernehmen, die sich aus der praktischen Umsetzung der in diesem Buch vorgestellten Anwendungen und Rezepte ergeben. Bitte respektieren Sie die Grenzen der Selbstbehandlung und suchen Sie bei Erkrankungen einen erfahrenen Arzt oder Heilpraktiker auf.

Inhalt

Bio-aktiv genießen

Einfach schön und unglaublich lecker! Probieren Sie den fruchtigen Melonensalat auf Seite 44 und den Gemüsesalat mit Obst auf Seite 51.

Mit Basen entsäuern

Ein basisches Dressing mit Zitrone und Knoblauch verleiht Ihrem Salat einen mediterranen Touch. Zu finden auf Seite 80.

Eiweiß sichern

Nutzen Sie die vielfältigen Eiweißquellen aus der Natur, beispielsweise im Quinoa-Salat mit saftigem Kürbis, → Seite 110.

Ballaststoffe nutzen

Über dieses Buch

Das italienische Wort *Insalata* sagt, was Salat einst war: Eingesalzenes aus dem Vorrat, das man dann jeweils frisch zubereitet hat. Essiggemüse zu kaltem Braten, Salzheringe mit Äpfeln und saurer Sahne oder die Partysalate unserer Großeltern aus Dosengemüse mit Mayonnaise gehören noch zu diesen ursprünglichen Zubereitungen.

Zwei Regionen waren es, die dann buchstäblich frische Ideen in die Salatküche brachten. Einmal die USA mit ihren dicken Steaks, die von einer ordentlichen Portion Quer-durch-den-Garten-Salat begleitet wurden. Und ferner die Mittelmeerküche, die uns eine Schüssel Buntes vorweg servierte. Schlankheitsbewusste Menschen ließen sich diese üppigen Mischungen aus lauter frischen Pflanzen einfach als Hauptgericht schmecken. Damit war der Bistrosalat geboren, Fleisch und Fisch wurden zur Nebensache, neudeutsch *Topping* genannt. Wir lernten Salate aus Getreide kennen, mischten rohes Gemüse mit gebratenem, Obst mit Kräutern und Gemüse mit Käse. Die Dressings wurden so abwechslungsreich wie die Salatschüsseln, und weil man dazu auch viele Kräuter brauchte, wuchs das Angebot sogar in den Supermärkten: Lasche Bündelchen von Petersilie und Dill nimmt kein Salatfan mehr, sondern nur noch Kräuter im Töpfchen. Deshalb finden Sie in den Rezepten dieses Buches auch die *Handvoll* als Maßangabe.

Mit unserem Interesse an gesunder Ernährung wuchs auch die Lust am Salat. Der große Teller mit lauter bunten Mischungen von der Salatbar ist mittags schneller Snack und leichtes Hauptgericht, das große Salatbüfett mögen viele Menschen lieber als ein festliches Menü.

Die meisten Salate, die ich Ihnen in diesem Buch vorstelle, folgen selbstverständlich dem Trend der leichten, modernen Ernährung: Sie können sich daran satt essen und haben dabei das gute Gefühl, Ihrer Gesundheit zu nutzen. Denn Salat ist ja reinstes Superfood: Alles, was Pflanze ist, hat Mutter Natur vollgepackt mit den besten Stoffen für Körper, Geist und Seele. Frische Salatblätter und Kräuter schenken uns sekundäre Pflanzenstoffe für ein stabiles Immunsystem, und zwar weit effektiver als die vielen Pillen und Nahrungsergänzungsmittel, die man uns ständig anpreist. Allein das Grün im Grünen, Chlorophyll nämlich, erhöht die Anzahl der roten Blutkörperchen und versorgt unser Blut mit Sauerstoff – die

Salat ist bestes Superfood: Gesund essen heißt, mit einer Mahlzeit möglichst viele Bio-Aktivstoffe zu bekommen. Und diese Substanzen fürs intakte Immunsystem kommen vorwiegend in Pflanzen vor.

Wer täglich Salat isst und mit Fett spart, der hält seinen Blutdruck auf einem gesunden Maß. Eine amerikanische Studie hat ergeben, dass Rohkost den Bluthochdruck sogar senken kann. Zudem müssen wir bei Salat, Gemüse, Kräutern und Obst weder Risiken noch Nebenwirkungen befürchten.

beste Methode, den Organismus zu entsäuern. Gemüse und Obst, die unseren Salat bunt und wunderbar saftig machen, liefern Vitamine und Mineralstoffe, Fruchtsäuren gelten als Fatburner und lassen die Verdauungssäfte besser fließen. Jedes Öl im Salat ist Vitamin-E-Spender, und speziell Olivenöl enthält Ölsäure für gesunde Blutgefäße, ein starkes Herz und einen ausgewogenen Cholesterinspiegel. Essig oder Zitrussaft regen die Verdauung an, Joghurt im Dressing enthält Calcium für gesunde Knochen, und Nüsse als Topping schenken noch ein Quantum wertvolle Fettsäuren. Welche Menge an wichtigen Vitalstoffen in unseren Salatzutaten steckt, zeigt Ihnen die große Tabelle ab Seite 24. Fazit: Salat ist Vielfalt, und Vielfalt auf dem Teller ist die beste Gewähr fürs Wohlbefinden. Weil's einfach Spaß macht, so zu essen.

Guten Appetit wünscht Ihnen
Barbara Rias-Bucher

Bio ist super

Holen Sie sich Salat und Kräuter, Gemüse und Obst möglichst oft vom Biohändler. Denn Lebensmittel aus biologischem Anbau enthalten viel mehr sekundäre Pflanzenstoffe als konventionell angebaute, und zwar aus leicht verständlichen Gründen: Pflanzen bilden diese Stoffe, um sich selbst gegen Fressfeinde und schädliche Umwelteinflüsse wie Infektionen oder UV-Licht zu schützen. Schirmt man sie zum Beispiel durch Pestizide gegen Schädlinge ab, bilden sie natürlich auch weniger Schutzstoffe. Hinzu kommt, dass wir Bio-Aktivstoffe in Gemüse, Obst und Kräutern umso besser verwerten können, je frischer die Lebensmittel sind – ein weiteres Argument fürs Kochen und Essen nach Saison und aus der Region.

Salat zum Entsäuern

Jeder Salat ist basisch, weil er zum größten Teil aus Gemüse, grünen Blättern, Kräutern und Obst besteht. Die Inhaltsstoffe all dieser Lebensmittel spielen eine wesentliche Rolle für einen ausgeglichenen Säure-Basen-Haushalt. Erstens erhöht der grüne Pflanzenfarbstoff Chlorophyll die Anzahl der roten Blutkörperchen und versorgt unser Blut mit Sauerstoff. Das ist enorm wichtig, denn zur Übersäuerung des Organismus kommt es, wenn zu wenig Sauerstoff vorhanden ist. Zweitens brauchen wir Gemüse und Salat, Kräuter und Obst, weil der Stoffwechsel mit mineralstoffreichen Pflanzen reibungslos funktioniert und die Nahrung vollständig *verbrannt* wird. Drittens regen basische Lebensmittel die körpereigene Basenbildung an, vor allem, wenn sie wie Endiviensalat, Artischocken, Rucola oder Wildkräuter auch Bitterstoffe enthalten. Viertens liefern uns Pflanzen reichlich Kalium und dazu die nötige Flüssigkeit, um Schadstoffe rasch auszuscheiden.

Ballaststoffe nutzen

Unser tägliches Essen sollte zum größten Teil aus Pflanzen bestehen. Denn nur darin sind wichtige Substanzen enthalten, die wir regelmäßig brauchen: Ballaststoffe. Diese *Präbiotika* erfüllen eine Reihe von Funktionen, vor allem aber stabilisieren sie unser Immunsystem, das ganz wesentlich von einer gesunden Darmflora bestimmt wird. Und die Nahrung dieser Darmflora sind zum größten Teil Ballaststoffe. Das heißt, je besser das Futter für diese winzigen Helfer, desto besser geht es uns: Körper, Geist und Seele profitieren vom gesunden Leben in unserem Bauch. Deshalb müssen wir viel Gemüse, Vollkorn, Hülsenfrüchte, Kräuter und Obst

essen, also all die Zutaten, mit denen wir unseren Salat mischen. Auch Kartoffeln sind optimale Ballaststoff-Spender, dazu für viele Menschen leichter verdaulich als Vollkorngetreide und zudem reich an pflanzlichem Eiweiß, das in Verbindung mit Käse, Joghurt, Schmand oder Ei auch besonders wertvoll für die Ernährung ist. Den Ballaststoffgehalt können Sie sogar noch steigern: Bei frisch gekochten Kartoffeln liegt die Ausbeute für den Organismus bei etwa 3 Prozent, bei gekochten und dann gebratenen Kartoffeln sogar bei 12 Prozent. Der Grund: Wenn Kartoffeln oder auch Nudeln und Getreide gegart und abgekühlt werden, entsteht sogenannte resistente Stärke, die nicht wir, sondern nur unsere Darmflora nutzen kann. Damit Sie das praktisch testen können, finden Sie auf Seite 127 ein ungewöhnliches Rezept: Salat aus Bratkartoffeln.

Wertvolles Pflanzeneiweiß

Wer vegan isst, muss ohne tierische Lebensmittel auf sein Eiweiß-Soll kommen, und für uns ist Eiweiß aus Lebensmitteln umso wertvoller, je mehr es in der Zusammensetzung unserem körpereigenen Eiweiß gleicht. Ein Protein, das alle acht lebenswichtigen Aminosäuren in einer Kombination enthält, die unser Organismus ohne *Umbau* verwenden kann, ist biologisch hochwertig. Als Maßstab nimmt die Ernährungswissenschaft das Hühnerei: Sein Eiweiß entspricht einem biologischen Wert von 100 Prozent. An diesem Wert misst man alle Lebensmittel mit tierischem Eiweiß und natürlich auch die mit Pflanzenprotein: Sojaprodukte erreichen auf dieser Skala eine Wertigkeit von etwa 76 Prozent, Amaranth etwa 75 Prozent, Roggenvollkornbrot circa 68 Prozent, Vollkornreis 64 Prozent, Quinoa etwa 44 Prozent.

Günstig für die pflanzliche Proteinversorgung sind außer Getreide und Soja auch bestimmte Kombinationen von Lebensmitteln wie Mais und Bohnen, Hülsenfrüchte und Vollkornbrot sowie Nüsse oder Samen mit Vollkornbrot.

Salat – die Basics

In erster Linie mögen wir Blätter im Salat, denn mit *Salat* verbinden wir ganz intuitiv Grünes. Bei den Sattmacher-Salaten mit Kartoffeln, Nudeln oder Reis sorgen die verschiedenen Blattsalate auch für Saftigkeit, besonders wenn Sie kräftige Blätter wählen und sie fein wie Kräuter schneiden.

Kopfsalat (Lactuca sativa) mit zarten Blättern gibt es mittlerweile in Grün und Rot: Grüner Kopfsalat aus dem Freiland bildet dicke, feste Köpfe mit grünen Außen- und gelblichen Innenblättern. Was im Winter aus dem Gewächshaus kommt, erkennen Sie an den lockeren Köpfen mit losen Blättern. Roter Kopfsalat, manchmal auch Burgunder Salat genannt, enthält die Pflanzenfarbstoffe Anthozyane, die unser Immunsystem stabilisieren. Er bildet feste Köpfe und doch genauso zarte Blätter wie die grüne Sorte.

Auch vom Endiviensalat gibt es Pflücksalatsorten, die im Blumentopf wachsen und laufend reif zum Ernten sind.

Batavia mit krausen Blättern, manchmal fest wie ein Wirsingkohl, manchmal mit lockeren Blättern, ist eine Züchtung von Kopfsalat und Eissalat aus Frankreich – knackig und dickfleischig wie Eissalat, aromatisch wie Kopfsalat.

Lollo Rossa und **Lollo Bionda** stammen aus Italien und werden bei uns von Mai bis Dezember geerntet. Der rote (Rossa) krause Salat schmeckt etwas herzhafter als der grüne (Bionda). Beide halten sich länger frisch als Kopfsalat.

Eissalat oder auch Eisbergsalat bildet große, runde Köpfe mit spröden Blättern, die im Dressing fest und knackig bleiben. Die Sorte eignet sich gut, wenn Sie Salat vorbereiten wollen.

Römersalat gibt es als lange Sorte mit ziemlich losen Blättern oder als kleine, feste Köpfe, *Salatherzen* oder auch *Little Gem* genannt. Diese Sorte eignet sich besonders gut für den Eigenanbau im Blumentopf.

Eichblattsalat, ebenfalls in Grün und Rot auf dem Markt, gehört zu den Schnittsalaten, die keine festen Köpfe bilden. Er wächst auch dicht gesät sehr rasch und gedeiht gut im Topf.

Die zweite Art von Blattsalaten hat kräftige, leicht bittere Blätter:

Endiviensalat (Cichorium endivia) bildet keine festen Köpfe, sondern dichte Rosetten aus tiefgrünen Randblättern und einem gelben Herz.

Frisée ist ebenfalls eine Sorte des Endiviensalates und wird genauso zubereitet: dünn geschnitten, mit kräftigem Dressing. Nehmen Sie Salat mit großem, gelbem *Herz*, und bereiten Sie ihn nach dem Einkauf möglichst rasch zu. Wie Endivie ist Frisée ein typischer Wintersalat und kommt bis Dezember aus heimischem Anbau.

Zuckerhutsalat ist robuster als alle anderen Blattsalate: Er verträgt auch Frost, und Stauden mit glasigen Blättern sind nicht »erfroren« und damit ungenießbar, sondern tauen bei Zimmertemperatur wieder auf.

Zuckerhut mit langen, breiten, fleischigen Blättern ist typisch für den Spätherbst; er bildet große Köpfe, die man unmittelbar vor Winterbeginn erntet.

Chicorée gibt es als die bekannten gelb-weißen Stauden, die mittlerweile nur noch wässrig schmecken, weil man ihnen die aromatischen Bitterstoffe weggezüchtet hat. Nehmen Sie möglichst Stauden mit hellgrünen Blättern oder gleich *roten Chicorée*, eine Kreuzung mit Radicchio. Diese Sorte sieht schöner aus, hat Biss und Geschmack. Die Blätter lassen sich leicht ablösen und als Schälchen verwenden (→ Seite 122 *Couscoussalat*)

Radicchio di Treviso mit langen Blättern und fleischiger Wurzel, die man geschält und geraspelt unter den Salat mischen kann, ist mit dem bekannten runden Radicchio verwandt. Er schmeckt relativ bitter, eignet sich auch hervorragend zum Braten und gehört zu den besten Wintersalaten überhaupt.

Kräuter im Salat

Sie brauchen sich nicht auf die typischen Kräuter wie Dill, Schnittlauch und Rucola zu beschränken, denn im Salat schmeckt jedes Kraut, vorausgesetzt Sie mögen sein ganz spezielles Aroma. Vor allem bei selbst gezogenen Kräutern, die Sie frisch pflücken und sofort verwenden, ist das oft sehr intensiv. Deshalb sollten Sie jedes Kräutlein, das Ihnen noch nicht vertraut ist, erst mal einzeln probieren. Dann können Sie auch rich-tig kombinieren: Borretsch mit seinem kühlen Gurkengeschmack passt gut ins Joghurtdressing, pfeffriges Bohnen-kraut schmeckt in Salat mit Fleisch und Geflügel, während der anisartige Kerbel guter Fischbegleiter ist. Estragon, Ros-marin, Oregano und Salbei entwickeln ihre Würzkraft am besten, wenn man sie brät, Lavendel schmeckt nur in Mini-portionen, während Sie mit frischer, würziger Freilandpetersilie gleich einen ganzen Salat mischen können.

Salat-Gemüse

Alles, was man roh essen kann, passt auch in den Salat. Ich kombiniere oft Ge-müse, das in der Erde wächst, mit einem, das oberhalb wächst. Es heißt, dass der Organismus dann besonders von den Vitalstoffen profitiert. Wissenschaftlich bewiesen ist das nicht, aber schaden kann es auch nicht. Außerdem schmecken diese Kombinationen wirklich gut.

Meine liebsten sind:

★ Möhren, Kohlrabi, Tomaten
★ Radieschen, Rettich, Zucchini
★ Fenchel, Paprikaschoten, Eisbergsalat
★ Feldsalat, Frisée, Radicchio, Birnen
★ Chicorée, Weintrauben, Äpfel, Petersilie
★ Orangen, Stangen- und Knollensellerie
★ Spinat, Paksoi, Melone, Minze, Sprossen
★ Eichblattsalat, Spargel, Avocado

Mixen Sie Rohkost ruhig auch mit gegartem, lauwarmem Gemüse: Spargel-spitzen, Zuckererbsen, dünne grüne Bohnen, Kürbiswürfel und/oder Weiß-kohlstreifen, in Öl gebraten, schmecken ausgezeichnet zu rohem Gemüse und knackigen Salatblättern.

Getrocknete Kräuter lässt man etwa 10 Minuten in der Salatsauce ziehen, während man zerkleinerte frische und auch tiefgefro-rene Kräuter gleich mit den anderen Salatzutaten mischt.

Bei Salaten mit Tomaten oder Obst, die durch Fruchtsäuren ja ohnehin säurebetont sind, wählt man eher milden Essig.

Essig: nicht nur sauer

Wenn Sie etwas zu viel Essig erwischt haben, helfen oft zerkleinerte Tomaten, ein Löffelchen Marmelade oder Honig, etwas süßer Balsamessig oder ein Schuss Sahne.

Mit dem Hype um Balsamico und Apfelessig fing es an: Plötzlich entdeckte man, dass Essig weit mehr kann, als Salat sauer machen. Essig gibt Aroma, weil die Säure den Eigengeschmack von Gemüse, Kräutern und Obst unterstreicht. Achten Sie deshalb zunächst auf den Säuregehalt, der auf dem Etikett vermerkt ist: Reis- und Kokosnussessig aus Asien enthalten meist weniger als 5 Prozent Essigsäure, milder Malz- oder Obstessig 5 bis 6 Prozent, feiner Balsamessig maximal 6 Prozent, ausgereifter Sherry- oder Weinessig bis zu 9 Prozent. Nach der Säure richtet sich, welcher Essig zu welchem Salat passt: Kräftige Linsen- und Bohnensalate vertragen mehr Säure als zarte Blattsalate.

Aceto balsamico tradizionale, eine der besten und teuersten Essigsorten aus dem eingekochten Most von Weintrauben, nimmt man gar nicht für Salat, sondern nur zum Aromatisieren edler Saucen oder Vorspeisen.

»Normaler« **Balsamessig** aus eingedicktem Traubenmost plus Weinessig passt zu jedem Salat, vor allem, wenn Sie empfindlich auf Säure reagieren. Besonders ausgewogen ist das Verhältnis von Säure und Süße bei **weißem Balsamico.**

Weißweinessig gibt es pur und mit Kräutern oder Früchten aromatisiert. Er schmeckt gut zu kräftigen Wildkräutern, zu Kartoffeln, Fleisch und Fisch.

Rotweinessig nimmt man am besten zu Salaten aus Hülsenfrüchten und zu den Mischungen aus gebratenem Gemüse mit Rohkost (→ oben).

Milder **Sherry-Essig** mit leichter Karamellnote schmeckt zu Salat mit Obst, säurebetonter eher zu Gemüsesalat.

Cidre-Essig ist die edle und mildere Ausgabe von Apfelessig. Beide passen zu jedem Salat, wenn Sie Säure vertragen. Ein wenig aufwendig, doch ganz vorzüglich zu

Artischocken-, Spargel- oder Blumen-kohlsalat ist eine Mischung aus 2 Teilen Apfelessig und 1 Teil naturtrübem Apfelsaft mit ein paar Apfelstückchen, die Sie bei starker Hitze dickflüssig einkochen.

Säure ohne Essig

In der basischen Ernährung mischt man Salat nicht mit Essig, sondern mit frisch gepressten Zitrussäften: Limetten haben mehr Aroma als Zitronen, Mandarinensaft ist milder als Orangensaft und Grapefruits steuern noch Bitterstoffe bei, die besonders gut zu Salat mit Roten Beten, Rotkohl, Topinambur oder winterlichen Wurzeln – Möhren, Sellerie, Pastinaken – passen. Auch Absud aus Früchten eignet sich für die Salatsauce, zum Beispiel aus Sumach (→ Seite 67): Für den Sud übergießt man 1 EL getrocknete Beeren mit 1 Tasse heißem Wasser. Wenn Sie Sumachpulver verwenden, geben Sie 1 gehäuften TL davon in einen Teefilterbeutel, den Sie in ½ Tasse heißem Wasser ziehen lassen, bis das Wasser wieder abgekühlt ist. Asia-Salate mit Glas- oder Reisnudeln, Gemüse und/oder Meeresfrüchten schmecken mit Tamarindendressing. Der Extrakt aus Fruchtfleisch und Kernen des Tamarindenbaumes ist der Essig vor allem in Thailand, Indonesien und auf den Philippinen. Für die Zubereitung kochen Sie ein Päckchen Tamarinde ohne Kerne (etwa 227 g, aus dem Asienladen) mit ½ l Wasser auf und lassen die Mischung auf die Hälfte einkochen. Dann durch ein Sieb gießen und weitere zehn Minuten einkochen. Verschlossen im Kühlschrank aufbewahrt, hält sich der Sud zwei Wochen, eingefroren drei Monate.

Öl macht geschmeidig

Bei Endiviensalat merken Sie es sofort: Fehlt das Öl, sind die Blätter hart und schmecken ein wenig wie Gras. Erst ein Schuss Öl gibt Salat nämlich die Geschmeidigkeit, die ein gutes Mundgefühl bewirkt, wie es in der Fachsprache heißt.

Olivenöl ist das vielseitigste Öl für Salat, denn Geruch und Geschmack sind typisch für die jeweilige Olivensorte, aus der das Öl gepresst wird. Als *natives Olivenöl extra* oder *extra vergine* bezeichnet man die erste Güteklasse – kalt aus den Oliven gepresst und nicht mit chemischen Hilfsstoffen extrahiert. Der Anteil der gesunden Fettsäuren ist in dieser *ersten Pressung* besonders hoch. Olivenöl können Sie auch zum Braten verwenden, während man hingegen **Weizenkeim-** und **Maiskeimöl** lieber nicht erhitzt und nur in die Salatsauce mischt. Beide Öle enthalten viel Vitamin E,

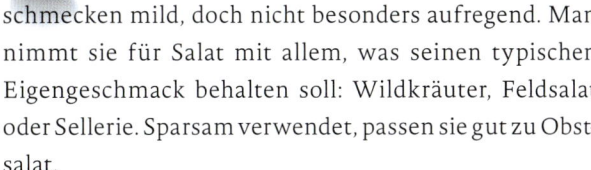

Öl ist wie jedes Fett auch Aromaträger, und da jedes Öl zudem sein eigenes Aroma besitzt, sorgt es auch für den spezifischen Geschmack des Salates, den Sie mit einem bestimmten Öl »würzen«.

schmecken mild, doch nicht besonders aufregend. Man nimmt sie für Salat mit allem, was seinen typischen Eigengeschmack behalten soll: Wildkräuter, Feldsalat oder Sellerie. Sparsam verwendet, passen sie gut zu Obstsalat.

Sonnenblumenöl schmeckt mild nach Nüssen und eignet sich für jeden Salat.

Fein nussiges **Sesamöl,** ein typisches Würzöl, das man sparsam dosiert und mit neutralem Öl mischt, gehört zu asiatischen Salaten und harmoniert ausgezeichnet mit Früchten. Sparsam dosieren gilt auch für Öl aus Traubenkernen, Pistazien, Kürbiskernen, Haselnüssen und Macadamianüssen. All diese Öle schmecken sehr intensiv und sollten nicht erhitzt werden. Testen Sie selbst, welche Salate Sie damit würzen.

Kürbiskernöl passt natürlich zu Salat mit gebratenem Kürbis (→ Seite 110), aber auch zu Salat mit Käse, zum Beispiel Tomaten mit Mozzarella, die man gewöhnlich mit Olivenöl aromatisiert.

Traubenkernöl ist gut für Rohkost, die ja nur einen Hauch von Öl braucht und dann mit Dip serviert wird.

Dunkelgrünes **Pistazienöl,** goldgelbes **Haselnussöl** und helles **Macadamiaöl** passen zu Obst, Fisch und Meeresfrüchten und zu allen Blattsalaten, die man mit Nüssen kombiniert: Chicorée, Feldsalat, Eisbergsalat und Radicchio.

Walnuss- und **Erdnussöl** können Sie stärker dosieren. Erdnussöl eignet sich zum Braten, zum Beispiel für Süßkartoffelstifte (→ Seite 73).

Kokosöl schmeckt gut zu Salat mit Gemüse und Obst (→ Seite 51).

Arganöl mit seinem leicht rauchigen Geschmack, intensiv nussiges **Erdmandelöl** und leicht bitteres **Leinöl** sind Ölsorten für Rohkost oder zum Würzen von Dips; erhitzen sollte man sie nicht.

Frisches aus Eigenbau

Salatpflanzen, Kräuter und Gemüse selbst ziehen, ist mittlerweile für viele Menschen ganz selbstverständlich. Man legt im Garten oder Schrebergarten ein Gemüsebeet an, nimmt am *Urban Gardening* teil oder bewirtschaftet den Sommer über eine Parzelle, die Städte und Kommunen an Selbstversorger vermieten. Doch auch im kleineren Rahmen geht es, denn während richtige Gartenarbeit selbst für die Mini-Versorgung mit Gemüse und Salat einen guten Teil der Freizeit in Anspruch nimmt, klappt Eigenbau auf Terrasse und Balkon fast nebenbei: Töpfe mit frischen Kräutern und ein paar Gemüsesorten, Salat im Balkonkasten oder Grünes auf der Fensterbank machen kaum Arbeit. Damit bekommen Sie natürlich nicht jeden Tag die Salatschüssel voll, doch zur vitalstoffreichen Ergänzung reicht es allemal.

Kräuter für den Salat

Alle Kräuter gedeihen im Beet, in geräumigen Balkonkästen und großen Blumentöpfen. Rucola, Borretsch und Dill vermehren sich im Beet jedes Jahr von selbst, weil sie genau wie Feldsalat und Barbarakraut eine ganze Menge Samen werfen. Sie wachsen dann überall, sogar als *Begleiter* in den Töpfen von Gurke, Tomaten und Paprika. Salat-rucola *verwildert* gewöhnlich, das heißt, die Pflanzen bilden im zweiten Vegetationsjahr schmale, kräftige Blätter, die noch würziger schmecken als im ersten Jahr. Der Vorteil: Die Rucolapflanzen treiben schon im zeitigen Frühjahr neu aus, wenn Sie sonst nur Löwenzahn und Brennnesseln sammeln können.

Frosthart und über Jahre zu ernten sind zum Beispiel Schnittlauch, Estragon, Bohnenkraut, Majoran, Oregano und Pimpinelle. Alle diese Pflanzen brauchen im Beet keinen Winterschutz. In Blumentöpfen muss man sie nur während langer und harter Frostperioden mit Wintervlies schützen. Starke Salbei- und Thymianpflanzen überwintern gut im Freien, wenn man sie mit Zweigen abdeckt, Rosmarin müssen Sie an einen kalten, doch frostfreien Platz stellen, zum Beispiel ins Gewächshaus oder auf den verglasten Balkon.

Petersilie ist ebenfalls winterhart, sollte aber jedes Jahr neu gesät oder gepflanzt werden, denn als zweijähriges Kraut schmeckt sie nur im ersten Vegetationsjahr wirklich gut. Auch Basilikum müssen Sie jedes Jahr neu säen oder pflanzen, denn es übersteht den Winter nicht und bildet in unserem Klima auch keine Samen. Kerbel und Koriander bilden zwar Samen, doch auch hier sind Sie auf der sicheren Seite, wenn Sie im Frühling wieder neu aussäen.

Salat aus dem Topf

Gut zu wissen
Pflanzen wachsen nach der Ernte weiter, wenn die Leitbahnen für den Transport von Nährstoffen noch intakt sind: Der Fenchelstrunk holt sich mit der Wurzel die Mineralstoffe aus der Erde, sodass neuer Babyfenchel wächst. Bei Radieschen und Rettich genügen schon die Nährstoffe in den kleinen Stücken, die man beim Putzen abschneidet, damit sich neue Blättchen bilden.

Für Blumentopf und Balkonkasten eignen sich Schnittsalat, Pflücksalat, Asiasalat, Römersalat, Spinat und kurze Möhren. Rote Beten, Kohlrabi und alle anderen Kohlpflanzen können Sie ebenfalls aussäen. Sie bilden zwar keine Knollen oder Köpfe, doch die Blätter schmecken gut im gemischten Sommersalat. Natürlich ist die Ernte nicht so ergiebig wie bei Schnittsalat, doch die Blätter sind gute Würze und überdies reich an Bio-Aktivstoffen. Zu kaufen gibt es diese Blattsalat-Mischungen auch als Baby-Leaf oder Mesclun.

Im Blumentopf ziehen lassen sich kurze Möhren der Sorten *Erstling*, *Pariser Markt* oder *Thumbelina* sowie kleine Fenchelknollen, die Sie sogar zweimal ernten können: Die Knolle knapp abschneiden, sodass die Wurzel in der Erde bleibt. Daraus bilden sich dann zwei kleine Knollen. So kann man zum Beispiel auch Radieschen,

Rettiche und Rüben wieder zum Austreiben bringen, um Blättchen für den Salat zu ernten: einfach die Blattansätze beim Putzen waagerecht abschneiden, leicht in ein Gefäß mit Erde drücken und wie Sprossen oder Zimmerpflanzen täglich etwas gießen.

Vitalstoff-Grün

Die meisten Samen wachsen rasch und unkompliziert in einem Gefäß auf der Fensterbank, allerdings nicht rund ums Jahr. Die beste Zeit ist nach der Wintersonnenwende ab Anfang Januar, wenn die Sonne wieder steigt, bis etwa Ende Oktober.

Kresse, Senf, Asia-Salate und Rucola können Sie ebenso wie Sprossen laufend frisch im Blumenkasten auf der Fensterbank ziehen. Die würzigen Blättchen dieser Pflanzen gelten als natürliches Antibiotikum, weil sie Bakterien und Viren am Wachstum hindern. Auch eine antiseptische Wirkung wird vermutet. All diese Vitamin-C-haltigen frischen Blätter regen zudem den Stoffwechsel an und unterstützen die Abwehrkräfte.

Als Salatzutat eignen sich junge Pflänzchen von Getreide, Erbsen, Kichererb-

Sehr wichtig
In jüngsten Untersuchungen hat sich gezeigt, dass man Sprossen auch für Salat auf mindestens 70 °C erhitzen sollte, damit sie gut verträglich sind.

sen und Linsen, Sonnenblumenkerne, Senf und Kresse sowie Gemüsesamen (→ unten), die man grundsätzlich auf Erde wachsen lässt, bis sie entweder Sprossen mit hellen Keimblättchen oder bereits Pflänzchen mit grünen Blättern an 2 cm langen Stielchen bilden. Diese Jungpflänzchen sind gesünder als Sprossen: Erstens ist die Keimgefahr sehr gering, wenn man sie wie Blattsalat wäscht. Zweitens enthalten die grünen Blätter bereits Chlorophyll, der für einen ausgeglichenen Säure-Basen-Haushalt sorgt. Alfalfa, Luzerne und Kresse sind besonders reich an diesem gesunden Pflanzengrün.

Am Beispiel Linsen …

… sehen Sie, wie man Grünes für Salat so zieht, dass die Gefahr von Keimbelastung möglichst gering ist. Sie brauchen: Eine Handvoll getrocknete, braune, schwarze oder grüne Linsen und – damit die Keimlinge nicht schimmeln – ein Gefäß mit Anzucht- oder Kräutererde. Nehmen Sie weder Vlies noch Küchenpapier oder gar Gläser, wie es oft empfohlen wird; selbst Anzuchtboxen sind nicht hygienisch genug.

Die Linsen auf die Erde streuen, leicht andrücken und gießen. Nach etwa drei Tagen keimen sie und zeigen die ersten grünen Spitzen. Nun weiter wachsen lassen und sparsam gießen, bis die

Wichtig: Gelbe oder rote Linsen sind geschält und keimen nicht mehr.

Erde ist nicht **verbraucht,** wenn Sie Salat oder Kräuter darin gezogen haben. Sie eignet sich dann erneut für **Schwachzehrer** wie zum Beispiel Erbsen, Radieschen oder Petersilie. Dagegen brauchen Tomaten, Paprikaschoten oder Auberginen neue, nährstoffreiche Erde.

Linsenpflänzchen nach etwa zwei Wochen fingerhoch sind. Dann kann man sie wie Kresse mit der Küchenschere abschneiden.

Beet im Beutel

Praktisch auf dem Balkon ist ein schnelles Beet für Salatzutaten wie Basilikum, Pflücksalat, Erbsenpflänzchen, Radieschen, Möhren, Mini-Gurke und Zwiebelgrün, für das Sie nur einen Beutel Gemüseerde brauchen.

Bauanleitung

Bauen Sie zuerst ein Podest für den Beutel, damit das Gieß- oder Regenwasser ablaufen kann und sich keine Staunässe bildet: Geeignet sind vier Pflastersteine und ein Gitterrost darüber. Nun mit den Zinken der Handgrabgabel Löcher in den Beutel stechen – ebenfalls für den Wasserabfluss. Dann den Beutel umdrehen und mit einer Schere so viele Pflanzlöcher einschneiden, wie Sie brauchen. Sie können die Folie auch so aufschneiden, dass die Erde freiliegt und rundherum ein mindestens handbreiter Rand bleibt. Anschließend die Erde mit der Gabel lockern und bepflanzen.

Wichtig: Das Beutel-Beet sollten Sie an einem halbschattigen Platz aufbauen, denn die Folie speichert sehr viel Hitze. Nach der Ernte können Sie die Erde wie gewohnt für Kräuter im Blumentopf, Schnittsalat oder Blumen verwenden.

Recycling beim Säen

Selbst im umweltbewussten Haushalt fällt Restmüll an, und manches davon ist für Ihre Salatgärtnerei sehr nützlich. Nicht vergessen: In alle Tüten und Kunststoffgefäße müssen Sie Löcher einschneiden, damit das Gießwasser ablaufen kann.

★ Plastiktüten eignen sich für kleinere Pflanzen wie Schnittlauch, Basilikum oder Mini-Gurken. Damit die Tüten gerade stehen, krempelt man den Rand um.

★ Eierkartons, Becher von Joghurt und Buttermilch, die Innenkartons von Küchenpapier- und Toilettenpapierrollen eignen sich zum Ansäen von großen Pflanzen für Gartenbeet oder Gewächshaus, zum Beispiel für Tomaten, Artischocken, Auberginen, Paprikaschoten, Zucchini oder Kürbis.

★ Längs aufgeschnittene Milchtüten, kleine Obstkistchen, Plastikboxen von Möhren, Feldsalat, Pfirsichen eignen sich zum Ansäen von Salat und für die Winterernte von allem, was einen *Rasen* bildet: Linsen, Zwiebelsamen, Gemüseblättchen, Kresse und Asiasalat.

★ Kaffee- oder Teefiltertütchen mit Erde füllen und für Pflanzen nehmen, die in die Höhe wachsen und mehrmals geschnitten werden können, wie zum Beispiel Knoblauchgrün, Steckzwiebelchen oder Erbsenblättchen. Für mehr Stabilität stellen Sie immer vier Beutel im Karree auf und umwickeln sie mit Schnur.

Salat aus dem Beet

Es klingt merkwürdig, doch im Freiland am einfachsten ist der Anbau von winterlichen Salatzutaten: Feldsalat, Barbarakraut und Postelein gehören nämlich zu den pflegeleichten Salatpflanzen, die Sie nur einmal aussäen müssen. Lassen Sie die Pflanzen blühen, damit sich Samen bilden, die zu Boden fallen und für die Vermehrung sorgen. Im Freilandbeet und im Gewächshaus treibt Feldsalat wieder aus, sobald Sommersalat und Gemüse geerntet sind. Wie Barbarakraut und Postelein können Sie Feldsalat durchgehend ernten, falls er nicht unter einer Schneedecke begraben ist.

Wintersalat …

… heißt eine robuste Kopfsalatsorte, die auch längere Frostperioden übersteht und die Sie bei milder Witterung bereits Ende März ernten können. Für den Anbau brauchen Sie weder Gewächshaus noch Frühbeet, sondern nur Wintersalat-Samen (→ Seite 20), denn als Pflänzchen gibt es Wintersalat nicht zu kaufen. Gesät wird im September

Wintersalat (→ links) baue ich jedes Jahr im Freiland an, und Zwiebelgrün (→ rechts) lasse ich aus Samen wachsen, die ich im Spätsommer ernte.

wie gewohnt ins Beet. Beim Pikieren pflanzen Sie eine Gruppe am besten in Form eines Rechtecks, das Sie für die frühe Ernte mit Wintervlies abdecken. Den Rest der Pflänzchen nun einfach auf dem Beet ohne Abdeckung weiter wachsen beziehungsweise ruhen lassen. Im Frühling erntet man zuerst den abgedeckten, dann den frei wachsenden Salat.

Wer Platz hat im Gartenbeet, lässt dann den Sommer über zwei Pflanzen auf dem Beet stehen, damit sie blühen, fruchten und Samen bilden. Nun ernten Sie die Samen und säen neu aus. Sie können die Pflanzen aber auch einfach Samen werfen lassen. Im Herbst räumen Sie das Beet so vorsichtig ab, dass Sie die neuen Pflänzchen nicht versehentlich jäten. Und dann müssen Sie die Jungpflanzen nur noch bis in den Spätherbst von Unkraut frei halten.

Gut für Tier und Mensch

Gartenbesitzer sollten im Herbst einige Zwiebeln auf dem Beet stehen lassen, damit sie im nächsten Sommer blühen – zur Freude von Bienen, Hummeln und Schmetterlingen, denn Allium-Pflanzen sind als Nektarspender höchst beliebt. Aus den Blütenständen bilden sich dann Samen, die Sie für den Winter ernten und wieder aussäen können (selbstverständlich gibt es Zwiebelsamen auch zu kaufen). Das Zwiebelgrün daraus wächst viel schneller als Schnittlauch und schmeckt genauso würzig. Auch Knoblauchgrün kann man ernten: Dabei werden die Zehen einzeln in Erde gesteckt, man lässt das Grün sprießen und schneidet es jeweils ab, bis das Pflänzchen ermüdet und nicht mehr austreibt.

Tipp
Radieschen im Gewächshaus, die Sie nicht ernten, sondern wachsen, blühen und Samenstände bilden lassen, werfen wiederum Samen. Daraus bilden sich dann zwar meist keine Knollen mehr. Doch die Blätter sind so würzig wie die verwandte Rucola. Sie schmecken sehr gut in gemischtem Wintersalat.

Vitalstoffe in Salatzutaten

Lebensmittel	Stärkt das Immunsystem	Reguliert die Verdauung	Nährt die Darmflora	Für Herz und Kreislauf	Für Knochen und Zähne	Für Leber und Galle	Für Haut und Schleimhaut
Agavensirup		★				★	
Alfalfa				★			
Amaranthblätter				★	★		
Amaranthkörner		★					
Ananas	★	★				★	
Apfel	★	★	★		★		
Aprikose	★	★					
Artischocke	★	★		★		★	
Aubergine	★			★			★
Avocado	★			★			
Barbarakraut		★		★			
Bärlauch	★			★		★	
Birne							★
Bohnenkraut	★	★				★	
Brennnessel		★			★	★	★
Brokkoli	★	★					
Brombeere	★	★	★				
Brunnenkresse		★					
Buchweizen				★	★		★
Chili	★	★		★			★
Chinakohl	★	★					
Couscous/Bulgur		★					
Cranberry	★						
Dicke Bohne		★					
Dill		★					
Dinkel	★	★				★	★
Eiskraut							
Endiviensalate	★	★	★			★	
Erbse		★					
Erdbeere	★			★			★
Erdnuss+Öl		★					★
Estragon		★					
Feige	★	★		★			
Feldsalat				★			
Fenchel		★				★	
Gänseblümchen							
Gerstengraupen		★		★			★
Gewürznelke							
Granatapfel				★	★		★
Grünkern		★					
Grüne Bohne							
Grüner Tee		★					
Gurke						★	★

Für Niere und Blase	Schützt vor Infektionen	Beruhigend/ entkrampfend	Entschlackend/ entgiftend	Entzündungs- hemmend	Wichtige Fettsäuren	Glutenfreies Getreide/Korn	Mit Fatburner- Effekt	Reich an Pflanzeneiweiß
				★				★
★								
			★		★	★		★
			★				★	
			★				★	
★			★				★	
				★				
					★			
★	★		★					
★	★		★					
		★						
	★	★	★					
★			★	★				
								★
★	★							
	★		★	★				
								★
★								
★								★
★		★						
		★	★		★			★
★			★					
			★				★	
								★
★			★					
					★			★
★		★	★					
							★	
		★						
		★	★					
				★				
★			★	★				
	★	★						
				★				
					★			
★		★	★					
			★				★	
★			★					

Lebensmittel	Stärkt das Immunsystem	Reguliert die Verdauung	Nährt die Darmflora	Für Herz und Kreislauf	Für Knochen und Zähne	Für Leber und Galle	Für Haut und Schleimhaut
Haselnuss + Öl				★			
Heidelbeere	★						
Himbeere	★						
Hirse		★			★	★	★
Holunderbeere	★						★
Holunderblüte							
Ingwer	★	★					
Joghurt	★	★	★			★	
Johannisbeere	★			★			
Kapuzinerkresse	★						
Kardamom						★	
Kartoffel	★	★	★	★			
Kerbel		★		★		★	
Kichererbse	★	★		★			
Kirsche, Sauerkirsche	★	★		★			
Kiwi	★	★		★			
Klee	★						★
Knoblauch	★	★		★		★	
Kohlrabi	★			★			
Kokos + Öl	★	★					
Kopfsalate				★			
Koriander							
Kresse	★	★		★			
Kreuzkümmel							
Kümmel		★		★		★	
Kürbis	★	★	★				
Kürbiskern + Öl							
Lauch	★	★		★			
Lavendel							
Leinsamen	★	★					★
Linse		★	★				
Lorbeer		★				★	
Löwenzahn	★	★	★			★	
Mais	★						
Majoran	★						
Mandel		★					★
Mango	★	★		★		★	
Meerrettich		★					
Minze							
Möhre	★		★				
Olive + Öl	★	★					
Oregano	★						
Papaya	★	★					
Paprikaschote	★			★			★
Pastinake	★	★	★				

Für Niere und Blase	Schützt vor Infektionen	Beruhigend/ entkrampfend	Entschlackend/ entgiftend	Entzündungs- hemmend	Wichtige Fettsäuren	Glutenfreies Getreide/Korn	Mit Fatburner- Effekt	Reich an Pflanzeneiweiß
					★		★	★
		★	★	★				
			★	★				
★			★		★	★		
		★	★	★				
			★					
	★			★				
			★					
	★	★	★				★	
	★	★						
			★					★
		★	★				★	
					★			★
★							★	
							★	
		★						
	★		★	★				
	★							
	★			★	★			
			★					
	★		★					
	★		★					
★	★							
	★							
★			★	★				
★					★			★
			★					
	★	★						
		★				★		
								★
	★							
★			★					
★						★		
	★	★	★	★				
						★		
				★			★	
	★	★	★					
		★		★				
	★		★					
			★	★	★			
	★	★	★	★				
		★	★					

Lebensmittel	Stärkt das Immunsystem	Reguliert die Verdauung	Nährt die Darmflora	Für Herz und Kreislauf	Für Knochen und Zähne	Für Leber und Galle	Für Haut und Schleimhaut	
Petersilie	★	★			★			
Pfeffer		★						
Pfirsich		★			★		★	
Pimpinelle						★		
Postelein	★						★	
Preiselbeere	★	★						
Quinoa		★						
Quitte	★	★	★			★		
Radicchio	★	★	★			★		
Rettich/Radieschen	★	★						
Reis		★	★	★				
Rhabarber	★	★						
Rosenkohl	★	★						
Rosmarin				★				
Rote Bete	★			★				
Rotkohl	★	★						
Rucola	★	★						
Salbei		★				★	★	
Sanddorn	★						★	
Sauerkraut	★	★						
Schnittlauch	★	★		★				
Schnittsalate				★				
Sellerie		★						
Senfkraut	★	★		★				
Sesam + Öl								
Sonnenblumenkerne + Öl	★	★					★	
Spargel	★							
Spinat	★	★		★		★		
Spitzwegerich		★			★		★	
Stachelbeere	★	★		★				
Süße Melonen	★	★		★				
Süßkartoffel	★	★						
Thymian		★						
Tofu/Sojamilch		★				★		
Tomate	★			★				
Topinambur	★	★	★			★		
Walnuss + Öl				★				
Wassermelone	★	★						
Weintraube				★		★		
Weißkohl	★	★						
Zimt		★		★				
Zitronenmelisse								
Zitrusfrüchte	★	★		★		★		
Zwetschge		★		★		★		
Zwiebel	★	★		★				

Für Niere und Blase	Schützt vor Infektionen	Beruhigend/ entkrampfend	Entschlackend/ entgiftend	Entzündungs- hemmend	Wichtige Fettsäuren	Glutenfreies Getreide/Korn	Mit Fatburner- Effekt	Reich an Pflanzeneiweiß
★		★						
				★				
			★					
	★	★						
★	★			★			★	
			★					★
		★						
			★					
★	★							
★		★	★			★		
			★					
	★							
★				★				
	★							
	★							
★	★	★		★				
	★							
	★		★	★				
★	★		★	★				
			★					
★		★	★					
			★	★				
			★	★	★			
★					★			
★			★					
	★		★	★				
	★						★	
★			★					
★	★	★	★					
★	★		★	★				★
	★							
			★				★	
	★		★	★	★			
	★							
★			★					
	★							
★	★							
	★	★						
	★		★	★				
★			★				★	
	★			★				

Salatzutaten aus Eigenbau

Lebensmittel	Freiland	Eigenbau	Garten	Terrasse/Balkon	
Amaranthblätter	★	★	Beet	großer Topf	
Apfel	★	★	★		
Aprikose	★	★	★		
Artischocke	★	★	Beet	großer Topf	
Aubergine		★	Gewächshaus	großer Topf	
Barbarakraut	★	★	Beet, Gewächshaus	großer Topf	
Bärlauch	★	★	schattiger Platz	großer Topf	
Birne	★	★	★		
Blumenkohl	★	★	Beet		
Bohnenkraut	★	★	★	Topf	
Brennnessel	★	★	überall		
Brokkoli	★	★	Beet, Gewächshaus	großer Topf	
Brombeere	★	★	überall	je nach Sorte	
Brunnenkresse	★	★	Gartenteich	großer Topf	
Chili	★	★	Gewächshaus	großer Topf	
Chinakohl	★	★	Beet		
Cranberry	★	★	Beet	großer Topf	
Dicke Bohne	★	★	Beet	großer Topf	
Dill	★	★	★	Topf	
Eiskraut	★	★	★	großer Topf	
Endiviensalate	★	★	Beet		
Erbse	★	★	Beet	großer Topf	
Erdbeere	★	★	Beet	großer Topf	
Estragon	★	★	Beet	großer Topf	
Feige	★	★	★	großer Topf	
Feldsalat	★	★	Beet	großer Topf	
Fenchel	★	★	Beet	großer Topf	
Gänseblümchen	★		überall		
Grüne Bohne	★	★	Beet	je nach Sorte	
Gurke	★	★	Beet, Gewächshaus	großer Topf	
Haselnuss/Walnuss	★	★	★		
Heidelbeere	★	★	★	großer Topf	
Himbeere	★	★	★		
Holunder	★	★	★		
Johannisbeere	★	★	★		
Kapuzinerkresse	★	★	überall	Topf	
Kartoffel	★	★	Beet	großer Topf	
Kerbel	★	★	Beet	Topf	
Kirsche/Sauerkirsche	★	★	★		
Klee	★		überall		
Knoblauch	★	★	Beet	Topf	
Kohlrabi	★	★	Beet		
Kopfsalate	★	★	Beet	Topf	
Koriander	★	★	Beet	Topf	
Kresse	★	★		Topf/Kasten	
Kürbis	★	★	Beet	großer Blumentopf	
Lauch	★	★	Beet		

Fensterbank	Sammeln	Ernte/Sammelzeit	Biohandel	Biogärtner
		Juni-Oktober	Sommer	eventuell
	Streuobstwiese	August-November	Sommer/Herbst	★
		Juni-August	Sommer	★
		Juli-Oktober	Sommer	★
		Juli-September	Sommer	★
		Oktober-April		eventuell
	→ Seite xx	März-Mai	Frühling	eventuell
	Streuobstwiese	August-November	Sommer/Herbst	★
nur Blättchen		Juli-Oktober		★
		Frühling-Herbst	Frühling-Herbst	★
★	Wiese	Frühling-Herbst		
nur Blättchen		Juli-Oktober	Sommer/Herbst	★
	Waldrand	August/Sept.	Sommer	★
		fast ganzjährig	Frühling	eventuell
		Juni-November	Sommer	
nur Blättchen		ab September	ganzjährig	★
		ab August		Herbst
nur Blättchen		Juni-August	Sommer	★
★		Juni-Oktober	ganzjährig	★
		Juli-Frost		
		ab September	ganzjährig	★
nur Blättchen		ab Juni	Frühsommer	★
	Obstplantage	ab Juni	Frühsommer	★
		ab März		
		August-Oktober	Sommer/Herbst	eventuell
		Oktober-April	Herbst/Winter	★
nur Blättchen		Sommer/Herbst	Sommer/Herbst	
	Wiese	fast ganzjährig		
		ab Juli-Frost	Sommer/Herbst	★
		Juni-Oktober	Sommer/Herbst	★
	→ Seite xx	ab September	ab Herbst	★
	Obstplantage	Juli + August	Sommer	★
	Obstplantage	Juli + August	Sommer	★
	→ Seite xx	August/September	Spätsommer	★
		Juli + August	Sommer	
nur Blättchen		ab Juni-Frost		
		Juli - Oktober	ganzjährig	★
★		Frühling-Herbst	Frühling	
	→ Seite xx	Juni + Juli	Sommer	★
	Wiese	fast ganzjährig		
★		fast ganzjährig	ganzjährig	★
nur Blättchen		Juni-Oktober	Sommer/Herbst	★
		fast ganzjährig	fast ganzjährig	★
★		Frühling-Herbst		
★		Frühling-Herbst	ganzjährig	
		Juli-Oktober	Herbst	★
		fast ganzjährig	fast ganzjährig	★

Lebensmittel	Freiland	Eigenbau	Garten	Terrasse/Balkon
Lavendel	★	★	Beet	
Linsengrün	★	★		Topf/Kasten
Löwenzahn	★	★	überall	
Maiskolben	★	★	Beet	
Majoran	★	★	Beet	Topf
Mangold	★	★	Beet	Topf/Kasten
Meerrettich	★	★	Beet	
Minze				
Möhre	★		Beet	großer Topf
Oregano	★	★	Beet	
Paprikaschote	★	★	Beet, Gewächshaus	großer Topf
Pastinake	★	★	★	
Petersilie	★	★	Beet	großer Topf
Pfirsich	★	★	★	
Pimpinelle	★	★	Beet	
Postelein	★	★	Beet	großer Topf
Quitte	★	★	★	
Radicchio	★	★	Beet	großer Topf
Rettich/Radieschen	★	★	Beet, Gewächshaus	
Rhabarber	★	★	Beet	
Rosenkohl	★	★	Beet	
Rosmarin	★	★		großer Topf
Rote Bete	★	★	Beet	
Rotkohl	★	★	Beet	
Rucola	★	★	Beet	
Salbei	★	★	Beet	großer Topf
Sanddorn	★	★	★	
Schnittlauch	★	★	Beet	großer Topf
Schnittsalate	★	★		großer Topf
Sellerie	★	★	Beet	
Senfkraut	★	★		großer Topf
Sonnenblume	★	★	Beet	
Spargel	★	★	Beet	
Spinat	★	★	Beet	
Spitzwegerich	★		überall	
Stachelbeere	★	★	★	
Süße Melonen	★	★	Beet, Gewächshaus	
Thymian	★	★	Beet	großer Topf
Tomate	★	★	Beet, Gewächshaus	großer Topf
Topinambur	★	★	Beet	
Weißkohl	★	★	Beet	
Zitronenmelisse	★	★	Beet	
Zucchini	★	★	Beet	großer Topf
Zwetschge	★	★	★	
Zwiebel	★	★	Beet	

Fensterbank	Sammeln	Ernte/Sammelzeit	Biohandel	Biogärtner
		Sommer		
★		ständig		
		März-Mai		
		ab August	Sommer	★
		ab Juni		
		fast ganzjährig	Sommer/Herbst	★
		ab September	Herbst/Winter	★
		Mai-Oktober	ganzjährig	★
		ab April		
		Juli-Frost	Sommer/Herbst	★
		ab Oktober	Herbst/Winter	★
		fast ganzjährig	ganzjährig	★
		Juni-August	Sommer	eventuell
		fast ganzjährig		
★		ab Oktober	Herbst/Winter	★
		ab Oktober	Herbst	★
		ab September	Herbst/Winter	★
nur Blättchen		fast ganzjährig	Frühling-Herbst	★
		April-Juni	Frühling	★
nur Blättchen		ab Frost	Herbst/Winter	★
		Sommer/Herbst		
nur Blättchen		Sommer/Herbst	fast ganzjährig	★
		Sommer/Herbst	Herbst/Winter	★
★		ab März	Frühling-Herbst	★
		Sommer/Herbst	Sommer	
	→ Seite xx	August + Sept.	Herbst	eventuell
		ab April	Frühling-Sommer	★
★		ab Mai		
		Juli-Frost	Sommer-Winter	★
★		fast ganzjäjrig		
		ab September	ganzjährig	
		April-Juni	Frühling	eventuell
★		Frühling + Herbst	Frühling/Herbst	★
	Wiese	ab Mai		
	Obstplantage	Juni-August	Sommer	eventuell
		August/September	Sommer	★
		ab Juni		
		ab Juli	Sommer/Herbst	★
	Feldränder	Oktober-April	Herbst/Winter	★
		Sommer/Herbst	Sommer/Herbst	★
		ab Mai		
		ab Juni	ganzjährig	★
	Obstplantage	ab September	Herbst	★
		ab September	ganzjährig	★

Zehn Tipps für Salat

1 Alle Salatzutaten sollten Sie erst putzen und waschen, wenn sie auch gleich gemischt werden. Das schont die Vitamine und hindert schädliche Keime am Sprießen.

2 Salatzutaten müssen trocken sein, sonst wird das Dressing wässrig. Deshalb Gemüse für Rohkost nach dem Waschen abtrocknen, Blattsalat in der Salatschleuder trocknen, Kräuter im Küchentuch trockentupfen.

3 Wie Sie Salatzutaten zerteilen, spielt für den Geschmack eine große Rolle. Faustregel: Für knackige gemischte Salate zerteilt man die Zutaten nur mundgerecht, für saftige Rohkost dagegen möglichst fein (→ Seite 74).

4 Zum Zerkleinern von Rohkost eignet sich eine Schnitzel-Mühle mit verschiedenen Scheiben. Praktisch ist ein Spiralschneider, den Sie für rohes und gebratenes Salatgemüse nehmen können.

5 Je nach Salat brauchen Sie viel oder wenig Dressing: Rohkost und kräftiger Endiviensalat schmecken mit mehr Sauce saftiger, Kartoffelsalate saugen sogar eine ganze Menge auf. Zarte Blattsalate dagegen werden mit einem Esslöffel Dressing zu viel eher matschig. Faustregel: Erst weniger Sauce nehmen, abschmecken und nach Bedarf nachgießen.

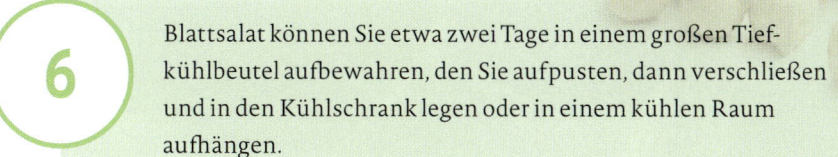

6 Blattsalat können Sie etwa zwei Tage in einem großen Tief-kühlbeutel aufbewahren, den Sie aufpusten, dann verschließen und in den Kühlschrank legen oder in einem kühlen Raum aufhängen.

7 Äpfel müssen Sie getrennt von anderen Salatzutaten aufbewah-ren, denn sie geben ein Reifegas ab, auf das andere Pflanzen empfindlich reagieren: Salat und Kräuter welken, Möhren werden bitter, Gurken, Kohl und Auberginen verderben rascher.

8 Gezielt einsetzen können Sie dieses Reifegas Ethylen zum Beispiel bei harten Avocados oder grünen Bananen: Mit einem Apfel in der Obstschale werden diese Früchte schneller reif zum Essen.

9 Nudeln und Reis für Salat sollten Sie frisch kochen, weil diese Salate lauwarm gemischt und serviert am besten schmecken.

10 Fürs Salatbüfett mischen Sie die Zutaten wie gewohnt, stellen das Dressing jedoch in Extraschälchen dazu. Denn Blattsalat, Reis oder Nudeln werden in Salatsaucen matschig, Tomaten und Radieschen verlieren ihr Aroma. Gut mit Dressing schmecken Salate mit Hülsenfrüchten oder Getreide.

Bio-aktiv genießen

Viele Farben im Salat zeigen, dass er viele Bio-Aktivstoffe enthält. Lassen Sie sich die bunten Kreationen in diesem Kapitel schmecken – mit dem guten Gefühl, den Körper zu stärken und die Seele zu streicheln.

Auberginen mit Mexiko-Sauce

**Zutaten für
4 Portionen**

Für die Sauce

2 weiße Zwiebeln

3 Knoblauchzehen

2-3 grüne Chilischoten

4 Zweige Petersilie

6 Zweige frisches
Koriandergrün

1 Dose grüne Tomaten
(etwa 380 g; → Tipp)

Salz nach Belieben

Für die Auberginen

2 mittelgroße
Auberginen
(etwa 400 g)

7 EL Olivenöl

Salz nach Belieben

1 EL gehackte
Petersilie

1 Die Zwiebeln und den Knoblauch schälen und grob hacken, die Chilischoten waschen, putzen und in Streifen schneiden. Die Petersilie und den Koriander waschen, trockentupfen und mit einem scharfen Messer fein schneiden.

2 Zunächst nur den Saft der grünen Tomaten aus der Dose in einen Kochtopf gießen, alle zerkleinerten Zutaten hinzufügen und unter Rühren bei mittlerer Hitze 5 Minuten kochen.

3 Nun auch die grünen Tomaten hinzufügen, die Sauce mit dem Stabmixer pürieren und dann noch einmal kurz aufkochen lassen. Von der Kochstelle nehmen, mit Salz abschmecken und abkühlen lassen, während die Auberginen zubereitet werden.

4 Die Auberginen waschen, von den Blütenansätzen befreien und in etwa fingerdicke Scheiben schneiden. Das Öl in einer großen Pfanne erhitzen und die Auberginenscheiben darin zugedeckt bei schwacher bis mittlerer Hitze weich braten und dabei einmal wenden.

5 Die gebratenen Scheiben auf einer Platte anrichten, mit Salz würzen und etwa die halbe Menge Sauce darüber verteilen. Dann mit der Petersilie bestreuen und die restliche Sauce in einem Schälchen dazu servieren.

Zum Kennenlernen

Grüne Tomaten oder *Tomatillos* (Physalis philadelphica) sind die Früchte einer Verwandten der Kapstachelbeere (Physalis). Zu kaufen gibt es sie bei uns in Dosen in Feinkostgeschäften. Doch man kann sie wie Tomaten selbst aus Samen ziehen und ins Gemüsebeet oder in einen großen Blumentopf pflanzen. Ausgereift färben sie sich gelblichgrün und schmecken süßsäuerlich etwa wie Stachelbeeren, doch so richtig entfalten sie ihr feines Aroma erst gekocht.

Buntes mit Artischocken

**Zutaten für
4 Portionen**

4 junge Artischocken

2 kleine Zucchini

150 g Zuckererbsen

150 g kleine reife
Tomaten

1 Schalotte oder
kleine Zwiebel

2 Knoblauchzehen

3-4 Salbeiblätter

8 EL Olivenöl

1 EL körniger Senf

4 EL Zitronensaft

1 TL Honig

Salz nach Belieben

Frisch gemahlener
Pfeffer

Tipp
Ein idealer Salat zum
Abendessen: Leicht, würzig
und ohne Rohkost, die viele
Menschen abends nicht
mehr vertragen.

1 Die Artischocken waschen, alle harten Blätter bis zu den inneren weichen Blättern abziehen und von diesen Blättern nur die harten Spitzen abschneiden. Die Artischocken nun der Länge nach vierteln und die Viertel dann noch einmal teilen.

2 Die Zucchini, die Zuckererbsen und die Tomaten waschen und trockentupfen. Dann die Zucchini in Scheiben schneiden, die Tomaten halbieren, die Zuckererbsen nur putzen.

3 Die Schalotte und den Knoblauch schälen, die Schalotte fein, den Knoblauch grob zerkleinern. Die Salbeiblätter waschen, trockentupfen und in Streifen schneiden.

4 In einer großen Pfanne 4 EL Öl erhitzen, die Schalotte, den Knoblauch und den Salbei darin unter Rühren anbraten, aber nicht bräunen. Etwa die Hälfte dieser Mischung in ein Schälchen geben und für das Dressing beiseite stellen.

5 Die Artischocken und die Zucchini in die Pfanne geben und unter Rühren rundherum anbraten und dabei leicht bräunen. Nun die Zuckererbsen untermischen und unter Rühren anbraten, bis sie intensiv grün sind.

6 Dieses Gemüse in eine Salatschüssel geben und lauwarm abkühlen lassen, dann die Tomaten untermischen.

7 Für das Dressing den Senf, den Zitronensaft und den Honig zur Mischung im Schälchen geben und verrühren. Zum Schluss esslöffelweise das restliche Öl untermischen. Das Dressing zum Gemüse geben, den Salat mit Salz und Pfeffer abschmecken, mischen und servieren.

Rohkost und was dazu

Zutaten für 4 Portionen

500 g beliebiges Gemüse (→ Tipp)

4 EL Zitronensaft

Salz nach Belieben

Frisch gemahlener Pfeffer

1-2 TL Traubenkernöl oder natives Olivenöl extra

1-2 Handvoll beliebige Kräuter (→ Tipp)

1 Das Gemüse waschen oder schälen und putzen, dann in einer Küchenmaschine mit dem Rohkostteil in Stifte schneiden oder grob raspeln. Anschließend in einer Salatschüssel mit Zitronensaft, Salz, Pfeffer und Öl vermischen.

2 Die Kräuter waschen, trockentupfen, fein oder grob zerkleinern und unter die Rohkost mischen.

Tipp

Außer grünen Gartenbohnen, Rhabarber, Holunderbeeren und Wildpilzen können Sie jedes heimische Gemüse und Obst roh essen. Artischocken, Auberginen, Rosenkohl, Kürbis, Schwarzwurzeln und Lauch allerdings schmecken rasch gebraten oder kurz blanchiert viel besser als roh.

Zwei Dips für Rohkost

Zutaten für 4 Portionen

Für den scharfen Dip

100 ml Aronia- oder Cranberry-Saft

1 EL Honig

1 Knoblauchzehe

1 TL Speisestärke

1 EL kaltes Wasser

1 getrocknete rote Chilischote

2 EL milder Apfelessig

Salz nach Belieben

Für den Joghurt-Dip

300 g türkischer Joghurt (10 %)

1 EL Magerquark

1 TL Honig

1/4 TL Kreuzkümmel-körner

1-2 EL Zitronensaft

Salz nach Belieben

Cayennepfeffer

1 Für den scharfen Dip den Saft aufkochen. Den Honig zugeben, die Knoblauchzehe schälen, durch die Presse dazudrücken und die Mischung etwa 3 Minuten sanft kochen lassen.

2 Die Speisestärke mit dem kalten Wasser glattrühren, in die Sauce mischen und aufkochen, bis die Sauce dickflüssig ist. Die Chilischote zwischen den Fingern zerreiben und zugeben. Den Dip mit Essig und Salz abschmecken und warm oder kalt servieren.

3 Für den Joghurt-Dip den Joghurt mit dem Quark und dem Honig in einer Schüssel glattrühren.

4 Den Kreuzkümmel im Mörser zerreiben und daruntermischen. Den Dip mit Zitronensaft, Salz und Cayennepfeffer abschmecken.

Tipp
Zum gesunden Brunch auf jede Rohkostportion einen großen Löffel Kräuter-rührei setzen.

Wissen
Mit Rohkost vorweg vertragen Sie das Essen besser, weil Sie richtig kauen müssen und dabei ätherische Öle, Geruchs-, Aroma- und Bitterstoffe aufnehmen.

Rohkost, international

Italienisch: Zu jeder Portion 1 große Scheibe helles Landbrot knusprig und goldbraun in Olivenöl braten und heiß mit gewürfelten Tomaten belegen.

Türkisch: Die Rohkost mit Tomaten-, Gurken- und Zwiebelscheiben in Pitabrote füllen und einen Löffel Joghurt-Dip darauf geben.

Asiatisch: Als Topping gebratenen Tofu oder Seitan (→ Seite 97) auf die Portionen legen und mit dem scharfen Dip servieren.

Provenzalisch: Ein paar Salamischeiben, gewürfeltes Ei und Thunfisch auf der Rohkost anrichten.

Sommer

Wassermelone und Feta

**Zutaten für
4 Portionen**

1 kleine Wassermelone
(etwa 1 kg)

1 Limette

1 EL Ouzo

1 TL Ahornsirup

1 Handvoll Minzeblätter

200 g Fetakäse

1 TL Pistazienöl

Salz nach Belieben

Cayennepfeffer

1 Die Melone vierteln, schälen, entkernen, in mundgerechte Stücke schneiden und in eine Schüssel geben.

2 Für das Dressing 4 bis 5 Stücke mit dem ausgepressten Saft der Limette, dem Ouzo und dem Ahornsirup pürieren und über die Melone in der Schüssel geben.

3 Die Minze waschen, trockentupfen, grob zerkleinern und den Feta mit einer Gabel zerbröckeln. Beide Zutaten zur Melone in der Schüssel geben, den Salat mit Pistazienöl, Salz und Cayennepfeffer abschmecken und mischen. Zugedeckt etwa 15 Minuten kühlen, dann auf Portionstellern angerichtet servieren.

Tipp

Dieser Salat eignet sich fürs sommerliche Abendessen, weil man abends den Schuss Ouzo im Dressing auch gut verträgt. Als Beilage schmeckt Fladenbrot.

Pfirsich mit Gurke und Zimt-Salz

Sommer

**Zutaten für
4 Portionen**

2 Pfirsiche oder
Nektarinen

1 kleine Salatgurke

1/4 TL grobes Salz

1/2 TL brauner Zucker

Circa 1/2 cm
Zimtstange

2 EL Cidre-Essig

1 TL Pistazien- oder
Traubenkernöl

Holunderblüten
oder andere essbare
Blüten nach Belieben

1 Die Pfirsiche oder Nektarinen waschen oder schälen, halbieren, entsteinen und in dünne Scheiben schneiden. Die Gurke waschen und ebenfalls in dünne Scheiben schneiden oder hobeln. Beide Zutaten in eine Salatschüssel geben.

2 Das Salz mit dem Zucker und der Zimtstange in einem Mörser zerreiben und zu Pfirsich und Gurke geben. Essig und Öl hinzufügen und den Salat mischen. Nach Wunsch noch mit gewaschenen Blüten bestreuen.

Tipp
Ein Vorspeisensalat, mit dem Sie auch ein kräftiges Menü einleiten können: Zimt regt die Peristaltik und damit auch die Verdauung an, Fruchtsäuren lassen den Speichel fließen. Der Salat schmeckt gut mit *Fleur de Sel*, dem handgeschöpften Meersalz u.a. der Atlantikküste.

Gemüse mit Kokossauce

**Zutaten für
4 Portionen**

Für die Sauce

200 g Kokoscreme

4 EL Sojasahne

Saft von 1 Limette

1/4 TL Chiliflocken

1/4 TL rosa Pfeffer

Salz nach Belieben

Für das Gemüse

5 mittelgroße fest-
kochende Kartoffeln

3 dicke Möhren

3 kleine Zucchini

100 g frische Erbsen

100 g Cocktail-
tomaten

3 EL Olivenöl

3 EL Gemüsebrühe

1-2 TL Senfblättchen
(→ Seite 20)

Salz nach Belieben

Frisch gemahlener
Pfeffer

Wissen
Kokoscreme und Kartoffeln
sind Energiespender
in diesem Vegan-Salat zum
Sattessen.

1 Für die Sauce die Kokoscreme mit der Sojasahne und dem ausgepressten Limettensaft verrühren. Mit den Chiliflocken, dem rosa Pfeffer und Salz würzen und zugedeckt bis zum Servieren kühlen.

2 Für das Gemüse die Kartoffeln schälen, waschen und achteln. Die Möhren schälen und in Scheiben oder Stifte schneiden, die Zucchini waschen und ebenfalls in Scheiben schneiden, die Erbsen und die Tomaten waschen und trockentupfen. Dann die Tomaten halbieren.

3 Das Öl in einer großen Pfanne erhitzen, die Tomaten mit den Schnittflächen nach unten ins Öl legen und bei starker Hitze etwa 1 Minute anbraten. Dann wieder herausnehmen und auf einem Teller beiseite stellen.

4 Die Kartoffeln ins heiße Öl geben und rundherum anbraten. Die Möhren und die Zucchini zugeben und ebenfalls unter ständigem Wenden anbraten und dabei leicht bräunen.

5 Zuerst die Gemüsebrühe, dann die Erbsen hinzu-fügen, einige Male umrühren und das Gemüse etwa 5 Minuten zugedeckt garen, bis die Kartoffeln gerade eben weich sind.

6 Das Gemüse mit Salz und Pfeffer würzen, in eine Salatschüssel geben, lauwarm abkühlen lassen und dann mit 2 EL Dressing vermischen. Die gebratenen Tomaten und die gewaschenen Senfblättchen auf dem Gemüsesalat verteilen und das restliche Dressing dazu servieren.

Spargel mit Tomatenvinaigrette

Zutaten für 4 Portionen

4 EL Weißweinessig

1 EL scharfer Senf

Salz nach Belieben

Frisch gemahlener schwarzer Pfeffer

1 TL Zucker

8 EL Olivenöl

600 g grüner Spargel

3 reife Tomaten

Tipp
Mit gebratenen Kartoffeln oder Toskana-Brot ist es ein feiner Lunch-Salat. Fürs Abendessen eignet sich Spargel nicht so gut, weil er entwässert.

1 Für die Vinaigrette den Essig mit dem Senf, Salz, Pfeffer und Zucker verrühren. 5 EL Olivenöl nach und nach mit einem Schneebesen darunterschlagen, bis die Vinaigrette sämig ist.

2 Den Spargel waschen, die Stangen im unteren Drittel dünn schälen und die Enden abschneiden.

3 Das restliche Öl in einer großen Pfanne erhitzen und den Spargel darin rundherum anbraten, dabei die Pfanne immer wieder kräftig rütteln, damit die Stangen gleichmäßig braten. Den Spargel zugedeckt bei mittlerer Hitze in etwa 5 Minuten bissfest garen.

4 Inzwischen die Tomaten waschen, trockentupfen und in kleine Würfel schneiden, dabei die Stielansätze entfernen. Die Tomaten zur Vinaigrette geben und untermischen.

5 Den Spargel auf eine Platte geben, mit etwas Salz und einer guten Prise Pfeffer würzen und die Vinaigrette darüber verteilen. Zugedeckt etwa 30 Minuten ziehen lassen, dann servieren.

Zum Entschlacken

Die Traditionelle Chinesische Medizin (TCM) empfiehlt grünen Spargel, weil er den Körper von Schadstoffen reinigt und so die Lebensenergie stärkt. Auch die westliche Naturheilkunde rät im Frühling zur Spargelkur: Wegen des hohen Gehalts an Kalium entwässert das Edelgemüse den Organismus. Saponine und Bitterstoffe pflegen den Darm und sorgen für eine gute Verdauung – die beste Methode, unser Immunsystem zu unterstützen. Vitamin C hilft der Leber beim Entgiften und der Schilddrüse bei der Produktion von Anti-Stress-Hormonen. Doch nach der heimischen Saison sollten Sie keinen Spargel mehr essen, denn zu viel davon kann die Nieren belasten.

Tipp

Auch Pimpinelle und Petersilie bleiben im Winter grün, und man kann sie ernten, solange nicht Dauerfrost herrscht oder zu viel Schnee liegt.

Frisches für Wintersalate

Das Loblied auf Topinambur kann ich gar nicht oft genug singen: Der Ballaststoff Inulin in diesem Gemüse, das es ab Oktober gibt, ist bestes Futter für unsere Darmflora und damit wirksamer Schutz für unser Immunsystem. Der nussige Geschmack der saftigen Knollen passt so gut zu Salat und Rohkost, dass man das Gemüse der kalten Jahreszeit abwechslungsreich zubereiten und häufig essen kann.

Postelein, Feldsalat und Barbarakraut müssen Sie nur einmal säen, dann vermehren sich diese Pflanzen von selbst, weil sie genügend Samen werfen.

Postelein (*Montia perfoliata*) ist ein interessantes Kraut, dessen junge Blättchen aussehen wie ovale Rhomben; größere bilden regelrechte Tellerchen mit weißlich grünen Blüten in der Mitte – daher auch der Name Tellerkraut. Ich habe ihn genau wie Feldsalat und Barbarakraut in meinem Garten als Bodendecker gesät und kann in Herbst und Winter laufend Frisches für Salat und Rohkost ernten. Postelein enthält ziemlich viel Vitamin C und beugt deshalb ausgezeichnet wunden Mundschleimhäuten und Infektionen vor.

Gemüsesalat mit Obst

Alle Jahreszeiten

Zutaten für 4 Portionen

4 mittelgroße Kartoffeln

1 Romanesco oder kleiner Blumenkohl

1/2 kleine Sellerieknolle

150 g Topinambur (→ links)

2 EL Kokosöl

200 ml Gemüsebrühe

50 g Couscous

Saft von 1 Zitrone

250 g rote Weintrauben

100 g frische Cranberrys

2 Handvoll Postelein (→ links)

1 TL Traubenkernöl

Salz nach Belieben

Eventuell Cayennepfeffer

1 Die Kartoffeln schälen, waschen und achteln, den Romanesco oder Blumenkohl in die Röschen teilen und waschen. Den Sellerie schälen, waschen und klein würfeln, den Topinambur waschen, mit einem Sparschäler dünn schälen und in dicke Scheiben schneiden.

2 Das Kokosöl in einer großen Pfanne erhitzen und die Kartoffeln darin rundherum braun anbraten. Romanesco und Sellerie zugeben und ebenfalls anbraten. Die Brühe zugießen und das Gemüse zugedeckt bei mittlerer Hitze etwa 5 Minuten garen, dann den Topinambur und Couscous untermischen und noch etwa 1 Minute garen.

3 Das Gemüse in eine große Schüssel geben und lauwarm abkühlen lassen, dann mit dem ausgepressten Zitronensaft mischen.

4 Die Weintrauben und die Cranberrys waschen und halbieren. Den Postelein waschen und trockentupfen. Alle Zutaten mit dem Gemüse vermischen, den Salat mit Traubenkernöl, Salz und nach Wunsch auch mit Cayennepfeffer würzen und servieren.

Obst im Salat ...

... gibt Ihnen noch mehr Bio-Aktivstoffe. Beispiel rote Weintrauben: Die blauroten Farbstoffe darin entlasten unser Immunsystem, weil die Anthozyane die Bioverfügbarkeit von krebserregenden Stoffen in unserem Essen verringern. Kanzerogene gelangen also gar nicht erst in unseren Stoffwechsel. Beispiel Cranberrys: Amerikanische Wissenschaftler haben einen Wirkstoff in den Verwandten der Preiselbeeren entdeckt, der die Ausbreitung von Bakterien in Blase und Harnleiter hemmt und damit die Nieren vor Infektionen schützt.

Salat mit gebratenem Rhabarber

Zutaten für 4 Portionen

1 Stange Rhabarber

3 EL Sonnenblumenöl

2 EL Apfelsaft

1 TL Zucker

1 TL Senf

1 kleiner Radicchio

60 g Baby-Leaf-Salat (→ Seite 19)

1 EL Walnusskerne

1 Handvoll Petersilie und Dill gemischt

Salz nach Belieben

Frisch gemahlener Pfeffer

1 Den Rhabarber waschen, schälen, in fingerbreite Stücke schneiden und im heißen Öl bei mittlerer Hitze unter Rühren weich braten. Dann von der Kochstelle nehmen, mit Apfelsaft, Zucker und Senf mischen und zugedeckt ziehen lassen.

2 Den Radicchio in die einzelnen Blätter teilen, zusammen mit Baby-Leafs und Kräutern waschen und trockenschleudern. Dann alles in eine Salatschüssel geben.

3 Die Walnusskerne grob hacken, zum Salat in die Schüssel geben, den Rhabarber zufügen, alles mischen und mit Salz und Pfeffer abschmecken.

Tipp

Der Salat passt zu Gerichten mit Sahnesauce – das sorgt für einen ausgeglichenen Calciumspiegel.

Tipp
Ein Snack-Salat für jede Tageszeit, zu dem auch Brot oder frisch gekochter Reis passt.

Kürbis mit Orangen und Feta

Herbst
Winter

Zutaten für 4 Portionen

1 kleiner Hokkaido-kürbis

Salz nach Belieben

Frisch gemahlener Pfeffer

Saft von 1 Zitrone

2 EL Olivenöl

100 g Feldsalat

1 Orange

1-2 EL Balsamessig

150 g Fetakäse

1 Den Kürbis waschen, abtrocknen, in Schnitze schneiden und diese nebeneinander auf ein Backblech legen. Mit Salz und Pfeffer bestreuen, mit Zitronensaft und Olivenöl beträufeln und im vorgeheizten Backofen bei 220 °C etwa 30 Minuten rösten.

2 Den Feldsalat waschen, trockenschleudern und in eine Schüssel geben. Die Orange schälen, in Filets teilen und aus den Häutchen schneiden; dabei über der Schüssel arbeiten und den abtropfenden Saft auffangen. Die Orangenfilets zum Feldsalat geben, Salz, Pfeffer und Balsamessig zufügen, den Salat mischen und auf Portionstellern verteilen.

3 Den Kürbis herausnehmen und mit dem gewürfelten Feta auf die Salatportionen legen. Das Bratöl aus dem Backblech über den Salat verteilen.

Bunter Salat mit Avocado

Zutaten für 4 Portionen

Für den Salat

1 kleine Salatgurke

5–6 Radieschen

300 g rote und gelbe Cocktailtomaten

2 rote Paprikaschoten

60 g Baby-Leaf-Salat (→ Seite 19)

1 Handvoll Petersilie, Dill und Basilikum gemischt

1 reife Avocado

2 EL beliebige Nusskerne und Samen

Für das Dressing

Saft von 1 kleinen Zitrone

3 EL naturtrüber Apfelsaft

1 EL Ahornsirup

Salz nach Belieben

Frisch gemahlener Pfeffer

4 EL Sonnenblumenöl

Wissen
Der Salat ist ein veganer Imbiss für mittags und abends. Avocado und Kerne machen satt auch ohne Fleisch.

1 Die Gurke waschen oder schälen und in feine Scheiben hobeln, die Radieschen waschen, trockentupfen und ebenfalls in Scheibchen schneiden. Die Tomaten waschen und halbieren, die Paprikaschoten ebenso waschen, putzen und in Streifen schneiden. Alle Zutaten in einer Salatschüssel mischen.

2 Den Baby-Leaf-Salat und die Kräuter waschen und trockenschleudern, dann – nach Wunsch grob zerkleinert – zum Salat in die Schüssel geben.

3 Die Avocado halbieren, den Kern entfernen, die Hälften schälen und würfeln oder in Scheiben schneiden und sofort mit 1 EL ausgepresstem Zitronensaft beträufeln.

4 Den restlichen Zitronensaft mit dem Apfelsaft, dem Ahornsirup, Salz, Pfeffer und Öl verrühren und über den Salat in der Schüssel geben. Alles mischen und den Salat dann auf Portionstellern anrichten. Die Avocado darauf verteilen und zum Schluss die Portionen mit den Nüssen und Kernen bestreuen.

Gut ergänzt

Reichern Sie Salat immer wieder mit verschiedenen Nüssen, Kürbiskernen, Pistazien, Sonnenblumenkernen und Sesamsamen an, denn alle sind eiweißreich und voll gepackt mit gesunden Fettsäuren. Vor allem Walnüsse sind Vitamin-D-Spender, Kürbiskerne helfen bei Blasenleiden, Sonnenblumenkerne regeln die Verdauung und Sesam liefert Magnesium für gute Nerven und Calcium für gesunde Knochen.

Beerensalat mit Joghurt

Zutaten für 4 Portionen

1 Scheibe grobes Vollkornbrot

75 g Haselnusskerne

300 g Vollmilch-Joghurt

2 TL flüssiger Honig

100 g Sahne

600 g gemischte Beeren

3 EL Apfelsaft

1 EL Vanillezucker

1 TL abgeriebene Zitronenschale

2-3 EL brauner Zucker

1 Die Brotscheibe kräftig braun toasten, abkühlen lassen und fein zerbröckeln. Die Nüsse hacken, mit dem Brot mischen und in Schälchen verteilen.

2 Den Joghurt mit dem Honig verrühren, die Sahne steif schlagen und mit einem Löffel darunter mischen. Den Joghurt mit dem Löffel auf die Nussmischung setzen.

3 Die Beeren waschen, abtropfen lassen und in einer Schüssel mit Saft, Zitronenschale, Vanillezucker und Zucker mischen und auf dem Joghurt verteilen.

Tipp

Ein Frühstückssalat, der Energie durch Brot und Nüsse, Protein durch Joghurt und Sahne liefert und uns mit heimischen Beeren die Bio-Aktivstoffe schenkt, die wir jeden Tag brauchen.

Marinierte Erdbeeren

Sommer

Zutaten für
4 Portionen

800 g Erdbeeren

2 EL Puderzucker

2 EL Orangenlikör

2 EL Zitronensaft

1 TL Sherryessig

1 TL flüssiges, natives
Kokosöl

1 Handvoll Minze-,
Zitronenmelisse- oder
Basilikumblätter

Frisch gemahlener
schwarzer Pfeffer

1 Die Erdbeeren waschen, trockentupfen und abzupfen,
dann in Scheiben schneiden, auf Portionstellern
verteilen und dünn mit dem Puderzucker bestreuen.

2 Den Orangenlikör mit dem Zitronensaft, dem Essig
und dem Kokosöl verrühren und die Mischung mit
einem Teelöffel über die Erdbeeren träufeln.

3 Die Kräuterblättchen waschen, trockentupfen, grob
zerkleinern und über die Erdbeeren streuen. Zum
Schluss die Erdbeeren mit Pfeffer bestreuen.

Tipp

Die marinierten Erdbeeren sind sehr leicht; sie schme-
cken als fruchtige Vorspeise und als Dessert nach dem
Essen. Auch zum Brunch passen sie – dann sollten
Sie allerdings den Likör durch Orangensaft ersetzen.

Vanilleeis mit Joghurt

Zutaten für 4 Portionen

1 Vanilleschote

50 g Puderzucker

3 ganz frische Eigelb

1 EL Weinbrand

100 g Vollmilch-Joghurt

150 g Sahne

1 Die Vanilleschote mit einem kleinen spitzen Messer längs aufschneiden, das Mark herauskratzen und in einer Schüssel mit dem Puderzucker mischen.

2 Die Eigelbe und den Weinbrand hinzufügen und mit den Quirlen des Handrührgerätes zu einer dicken, schaumigen Creme aufschlagen.

3 Den Joghurt nach und nach untermischen und dabei weiterschlagen. Zuletzt die Sahne steif schlagen und darunterziehen.

4 Die Creme entweder in der Eismaschine zu Eiscreme rühren oder in eine Schüssel füllen und zugedeckt in den Gefrierschrank stellen. Hier in etwa 4 Stunden fest werden lassen und dabei etwa alle 30 Minuten kräftig durchrühren, damit das Eis cremig wird.

Birnen und Zwetschgen mit Holunder

**Zutaten für
4 Portionen**

300 g Holunderbeeren
an Dolden

2 EL Rohr- oder
Rübenzucker

250 ml roter
Traubensaft

1 Zimtstange
(etwa 5 cm lang)

4 Gewürznelken

2 TL Zitronensaft

6 reife Zwetschgen

2 feste, reife Birnen

1 EL dicker roter
Balsamessig

1 TL Pistazien- oder
Haselnussöl

Achtung
Holunderbeeren darf man nicht roh essen, weil sie geringe Mengen von Blausäure enthalten, die erst durchs Kochen unschädlich wird.

1 Eine große Schüssel mit kaltem Wasser füllen. Die Holunderbeeren an den Dolden darin vorsichtig schwenken. In ein Sieb legen und abtropfen lassen, dann die Beeren mit einer Gabel von den Dolden streifen.

2 Die Holunderbeeren mit dem Zucker, dem Traubensaft, der Zimtstange, den Nelken und dem Zitronensaft aufkochen und zugedeckt bei schwacher Hitze 20 Minuten garen.

3 Den gekochten Holunder von der Kochstelle nehmen und etwa 30 Minuten abkühlen lassen.

4 Inzwischen die Zwetschgen waschen, vierteln und entsteinen, die Birnen vierteln, schälen, vom Kerngehäuse befreien und in Spalten schneiden. Das Obst in einer Schüssel mit dem Balsamessig und dem Öl mischen, dann den Holunder untermischen und den Salat noch etwa 15 Minuten ziehen lassen.

Tipp

Mit Eiscreme – wie auf dem Foto – ist der Salat ein feines Dessert, mit Frischkäsebrot schmeckt er als süßes Hauptgericht. Als Beilage passt er zu Fleisch, Geflügel und Wild: Die Fruchtsäuren darin helfen bei der Verdauung, und Holunderbeeren gelten als magenstärkend.

Für Sammler

Holunderbeeren können Sie von Ende August bis Ende September selbst sammeln, doch Sie sollten nur dort pflücken, wo die Sträucher möglichst unbelastet von Industrie- und Autoabgasen sind. Dabei werden die Dolden vorsichtig mit einer Baumschere abgeschnitten, damit die Zweige der Büsche nicht verletzt werden. Die Beeren färben sehr stark, deshalb transportiert man sie am besten in einem großen, mit Papier ausgelegten Korb.

Mit Basen
entsäuern

Durch richtiges Essen können Sie Ihren
Säure-Basen-Haushalt stabilisieren oder –
falls nötig – in Ordnung bringen. Salat und
Kräuter, Gemüse und Obst sind die Stars,
die uns beim Entschlacken helfen.

Orangen und Fenchel mit Chili

Zutaten für 4 Portionen

Für den Salat

2 Orangen

2 mittelgroße Fenchel-knollen mit Grün

1 grüne Chilischote

2 EL Haselnusskerne

2 EL schwarze Oliven

1 EL gehackte Petersilie

Für das Dressing

1 weiche reife Birne oder 2 eingekochte Birnenhälften

1 Saftorange

1 EL weißer Balsamessig

1 TL Honig

4 EL Walnussöl

Salz nach Belieben

1 Die Orangen mit einem scharfen Messer so schälen, dass auch die weiße Haut entfernt wird. Dabei über der Salatschüssel arbeiten, um den abtropfenden Saft aufzufangen. Die Orangen dann in Filets teilen und in die Schüssel geben.

2 Den Fenchel waschen, das Grün abschneiden und fein zerkleinert zu den Orangen geben. Die Fenchel-knollen halbieren und in dünne Scheiben schneiden. Die Chilischote waschen, putzen und in Ringe schnei-den, die Haselnüsse grob hacken.

3 Alle Zutaten, Oliven und Petersilie zu den Orangen in die Schüssel geben und mischen.

4 Für das Dressing die Birnen vierteln, schälen und vom Kerngehäuse befreien. Die Saftorange auspressen und den Saft mit den Birnen, dem Essig, Honig und Öl im Mixer pürieren.

5 Das Dressing über den Salat gießen, alles mischen, mit Salz abschmecken und servieren: Als Vorspeise ideal, weil die Fruchtsäuren darin die Verdauung anregen.

Gut zu wissen

Chilischoten enthalten etwa 20-mal mehr scharfes Capsaicin als Paprika. Durch Auslese und Kreuzung gibt es Chilis in unterschiedlichen Größen, Formen und Farben: Sie können kegelförmig, rund oder lang, weiß, rot, grün, gelb oder orange sein. Als Faustregel gilt, dass orangefarbene Chilis milde schmecken, rote, reife Schoten schärfer sind als unreife, grüne. Und: Je kleiner eine Schote, desto höher ist auch der Schärfegrad.

Am besten ist folgender Test: Die Schote halbieren und nur das Fruchtfleisch mit dem Finger antupfen. Den Finger dann vorsichtig mit der Zunge berüh-ren – Sie *spüren* die Schärfe sofort, ohne dass es höllisch brennt.

Frühsommer

Erdbeeren und Holunder

Zutaten für 4 Portionen

2 Holunderblüten-dolden

1 TL Honig

1 Prise abgeriebene Bio-Zitronenschale

Circa 100 g Salatblätter

300 g Erdbeeren

Salz nach Belieben

3 EL Zitronensaft

2 EL Walnussöl

1 Die Blütendolden kalt abspülen, dann die Blüten mit einer Küchenschere knapp an den Stielen abschneiden und in einem Schälchen mit 1/2 Tasse kochendem Wasser übergießen. Den Honig und die Zitronenschale unterrühren und die Mischung zugedeckt ziehen lassen, bis die anderen Zutaten vorbereitet sind.

2 Den Salat waschen, trockenschleudern und mund-gerecht zerkleinern, die Erdbeeren waschen, abzupfen, in Scheiben schneiden und alles in eine Schüssel geben.

3 Die Blütenmischung mit Salz, Zitronensaft und Öl verrühren, über den Salat gießen und alles mischen.

Tipp

Zum Sattwerden essen Sie den Salat mit Naturreis oder Ofenkartoffeln, als Snack mit Dinkelkeksen.

Wildkräuter mit Selleriedressing

Frühling

Zutaten für
4 Portionen

100 g Sellerieknolle

1 kleine Zwiebel

5 EL Rapsöl

1/4 l Gemüsebrühe

3–4 EL Zitronensaft

1 EL Kräutersenf

Frisch gemahlener
Pfeffer

5 Handvoll gemischte
Wildkräuterblätter
und Blüten

1/2 Bund Radieschen

1–2 EL Schnittlauch-
röllchen

1 Den Sellerie schälen, waschen und ganz klein würfeln.
Die geschälte Zwiebel fein zerkleinern und in einer
Pfanne mit dem heißen Öl glasig braten. Den Sellerie
zugeben und bei schwacher bis mittlerer Hitze in etwa
5 Minuten weich braten.

2 Die Brühe in die Pfanne gießen, aufkochen und den
Bratfond lösen. Den Zitronensaft und den Senf unterrühren, das Dressing mit Pfeffer abschmecken und
lauwarm abkühlen lassen.

3 Die Kräuterblätter und die Blüten waschen, trockenschleudern, mundgerecht zerkleinern und in eine Salatschüssel geben. Die Radieschen waschen, in Scheiben
schneiden und hinzufügen. Das Dressing darüber
verteilen, den Salat mischen und mit dem Schnittlauch
bestreut servieren.

Libanesischer Salat

**Zutaten für
4 Portionen**

1 Vollkorn-Pitabrot

1 EL Olivenöl

1 Salatgurke

5 reife Fleischtomaten

2 milde rote Zwiebeln

2 Handvoll Freiland-
petersilie

1 Handvoll Minze

Für das Dressing

Saft von 1 Limette

1 TL Sumachpulver
(→ Kasten)

1/4 TL Chiliflocken

4 EL Olivenöl

Salz nach Belieben

1 Das Brot einmal quer durchschneiden und die Hälften in grobe Stücke zupfen. In einer Pfanne das Olivenöl erhitzen und die Brotstücke darin unter Wenden braten, bis sie goldgelb sind. Dann in eine Salatschüssel geben.

2 Die Gurke waschen, abtrocknen, der Länge nach halbieren und die Hälften in Scheiben schneiden. Die Tomaten waschen, abtrocknen und in Stücke schneiden, die Zwiebeln schälen und in hauchfeine Ringe schneiden, die Kräuter waschen, trockentupfen und grob zerkleinern. Alles zum Brot geben.

3 Den ausgepressten Saft der Limette mit dem Sumach, den Chiliflocken und dem Olivenöl verrühren, über den Salat gießen und alles mischen. Den Salat mit Salz abschmecken und servieren: Er passt zu Lunch und Abendessen, weil er satt macht, ohne die Verdauung zu belasten.

Zum Kennenlernen

Sumachpulver riecht ein wenig nach Honigkuchen, schmeckt mild, fein säuerlich und fruchtig. Gewonnen wird es aus den Beeren des etwa drei Meter hohen Sumach- oder Färberbaums, der aus dem Mittelmeerraum und Vorderasien stammt und dort noch überall wild wächst. Aus seinen kleinen gelblichen Blütenrispen entwickeln sich dekorative Ähren mit leuchtend roten Beeren. Der größte Teil der Beeren wird getrocknet und zu Sumachpulver vermahlen, das man roh über die Speisen streuen oder auch mitgaren kann. Die Beeren kommen auch unzerkleinert frisch oder getrocknet in den Handel; in Wasser gekocht, ergeben sie einen sauren Sud, den man wie milden Essig zum Würzen von Salatsauce, Gemüse, Fleisch und Fisch nimmt. Die getrockneten Beeren und das Pulver bekommen Sie in türkischen Lebensmittelgeschäften, das Pulver auch in speziellen Gewürzläden. Es kann etwa 10 Prozent Kochsalz enthalten, deshalb sollten Sie beim Würzen vorsichtig sein.

Bohnen, Tomaten und Polenta

Zutaten für 4 Portionen

Für die Schnitten

1 l Gemüsebrühe

250 g Instant-Polenta

Für den Salat

700 g grüne Bohnen

4 reife Freiland-tomaten

1 Handvoll gemischte Kräuter (zum Beispiel Petersilie, Pimpinelle, Klee, Bohnenkraut, Estragon)

1–2 Zweige Eiskraut (→ Kasten)

2 EL Zitronensaft

1 TL Senf

Salz nach Belieben

Frisch gemahlener Pfeffer

5 EL Olivenöl

1 Die Gemüsebrühe aufkochen, die Polenta unterrühren, erneut aufkochen, dann zugedeckt bei schwächster Hitze in etwa 5 Minuten zu einem dicken Brei garen und dabei immer wieder umrühren. Den Polentabrei auf ein kalt abgespültes Arbeitsbrett geben, etwa 3 cm dick als Rechteck verstreichen und mit einem Küchentuch bedeckt abkühlen lassen.

2 Inzwischen die Bohnen waschen, putzen und mit reichlich Wasser in knapp 10 Minuten bissfest kochen. Auf ein Sieb abgießen und in eine Salatschüssel geben.

3 Die Tomaten waschen und würfeln, die Kräuter und das Eiskraut waschen, trockentupfen und zerkleinern, alles zu den Bohnen geben und mischen.

4 Den Zitronensaft mit Senf, Salz, Pfeffer und 2 EL Öl verrühren, den Salat damit mischen und auf Portionstellern verteilen.

5 Die Polenta in Quadrate schneiden und im restlichen Öl bei mittlerer Hitze pro Seite 4 Minuten braten. Den Salat mit den heißen Polentaschnitten belegen und sofort servieren.

Zum Kennenlernen

Der Vegan-Salat zum Lunch oder Abendessen enthält Eiskraut (Mesembryanthemum crystallinum), das mit der Mittagsblume, einer beliebten Zierpflanze, verwandt ist. Es schmeckt würzig, leicht säuerlich und ist Basenspender: Früher wurde es zur Sodagewinnung angebaut. Die dekorative Pflanze wächst im Blumentopf fast noch besser als im Gartenbeet: Eiskraut mag es nämlich sehr trocken und schön warm. Dann »schwitzen« die fleischigen Blätter das Wasser aus, und dabei bleiben Salzkristalle übrig, die im Sonnenlicht wie Tautropfen funkeln. Wo Sie Samen und Pflanzen bekommen, finden Sie auf Seite 142.

Sommer

Herbst

Gemüse mit Mandeldressing

Zutaten für 4 Portionen

Für das Gemüse

4 mittelgroße Rote Beten

4 mittelgroße Kartoffeln

4 dicke Möhren

1 große Gemüsezwiebel

1 Bio-Zitrone

1 Knoblauchknolle

1 Chilischote

2 Zweige Rosmarin

2 frische Lorbeerblätter

1 kleine Zimtstange

4 EL Rapsöl

4 EL Gemüsebrühe

2 EL Apfelessig

Für das Dressing

4 EL Mandelmus

Saft von 2 Mandarinen

100 ml Apfelsaft

1 TL Sesamöl

Salz nach Belieben

Frisch gemahlener Pfeffer

1 Die Roten Beten, Kartoffeln und Möhren schälen, waschen und halbieren. Die geschälte Gemüsezwiebel und die gewaschene Zitrone in dicke Scheiben schneiden, die Knoblauchknolle quer halbieren. Alle Zutaten auf einem Backblech verteilen.

2 Chilischote, Rosmarin und Lorbeerblätter ebenfalls waschen und mit der Zimtstange zum Gemüse legen. Das Gemüse mit Rapsöl beträufeln und im Backofengrill garen, bis es weich und leicht gebräunt ist.

3 Inzwischen für das Dressing das Mandelmus mit dem ausgepressten Mandarinensaft, dem Apfelsaft und dem Sesamöl glatt rühren und mit Salz und Pfeffer abschmecken.

4 Das Gemüse herausnehmen und in eine Schüssel geben. Das Bratöl auf dem Blech mit der Gemüsebrühe ablösen und über das Gemüse geben. Den Apfelessig hinzufügen, alles mischen und das Gemüse etwas abgekühlt mit dem Dressing anrichten.

Tipp
Vegan und basisch passt zu jeder Tageszeit: Dieser Salat schmeckt zum sommerlichen Brunch so gut wie zum Abendessen.

Wissen

Frühe Rote Beten mit Grün gibt es schon im Sommer. Sie sind besonders zart und eignen sich gut zum Backen. Und die ersten Kartoffeln für diesen Gemüsesalat bekommen Sie ebenfalls schon im August: Es sind frühe Sorten wie Leyla, Finka oder La Ratte, die vorwiegend im Biohandel und in Hofläden angeboten werden.

Salat, Pilze und Süßkartoffeln

Zutaten für 4 Portionen

300 g gemischte Salatblätter: Frisée, Feldsalat, Barbarakraut, Endivie, Brunnenkresse, Spitzwegerich

2 Frühlingszwiebeln

2 EL Zitronensaft

200 g Champignons

1 mittelgroße Süßkartoffel

6 EL Erdnussöl

3 EL Gemüsebrühe

Salz nach Belieben

Frisch gemahlener Pfeffer

1 Die Salatblätter waschen, trockenschleudern und je nach Größe mundgerecht zerkleinern. Die Frühlingszwiebeln waschen und mit dem saftigen Grün in Röllchen schneiden. Die Zutaten in einer Schüssel mit dem Zitronensaft vermischen.

2 Die Pilze putzen, kurz waschen, gut trockentupfen und in Scheiben schneiden. Die Süßkartoffel schälen, waschen und in dünne Stifte hobeln.

3 Das Öl im Wok erhitzen und die Süßkartoffeln darin unter ständigem Wenden bei mittlerer Hitze bräunen, dann aus dem Wok auf einen Teller geben. Nun die Pilze in den Wok geben und bei mittlerer Hitze etwa 5 Minuten braten, dabei immer wieder wenden.

4 Die Gemüsebrühe hinzufügen und die Pilze einige Male durchrühren, um den Bratfond zu lösen.

5 Die Pilze zum Salat in die Schüssel geben und untermischen. Den Salat mit Salz und Pfeffer abschmecken und die Süßkartoffeln darauf anrichten.

Tipp

Ein veganer Basen-Salat zum Sattessen am Mittag. Als Beilage passen Polentaschnitten oder eine Scheibe Dinkel-Vollkornbrot.

Gut ergänzt

Wer basisch isst, meidet tierische Lebensmittel und streicht deshalb auch Seefisch vom Speiseplan, obwohl Makrele, Hering, Lachs und Thunfisch reichlich Omega-3-Fettsäuren enthalten. Guter Ersatz sind Walnüsse über dem Salat, Rapsöl oder Leinöl im Dressing, weil diese Lebensmittel zu den besten pflanzlichen Quellen für die wichtigen Fettsäuren zählen. Studien belegen, dass Omega-3-Fettsäuren den Blutdruck senken, die Durchblutung der Gefäße verbessern und Entzündungen im Körper hemmen. Sogar das Risiko von Alzheimer, Diabetes und Asthma sollen diese Fettsäuren senken.

Guter Schnitt

Tipp

Ein Salat fürs Abendessen mit leicht verdaulichem Gemüse und dem Basen-spender Reis. Wem Radieschen Probleme machen, der nimmt stattdessen mehr Fenchel.

Gemüse mit hohem Wassergehalt – wie Gurke, Zucchini oder Radieschen – wird für gemischten Blattsalat gewürfelt, in Stifte geschnitten oder in Scheibchen gehobelt. Gemüse mit fester Struktur – wie Möhren, Fenchel, Kohl, Kohlrabi oder Stangensellerie – sollten Sie auch im Salat raspeln oder fein schneiden, damit es durch das Dressing mürbe wird. Rohkost besteht immer aus geraspelten und/oder gehobelten Zutaten, denn je größer ihre Oberfläche, desto mehr Dressing nehmen sie auf. Das macht sie saftig und leicht verdaulich. Tomaten für einen Salat werden mundgerecht geschnitten, als Aromaträger im Dressing fein gehackt – das schmeckt gut in Getreide- und Bohnensalat. Zarte Salatblätter von Kopfsalat, Eichblatt und Lollo, sollen knackig bleiben. Man zupft sie deshalb nur in Stücke, während kräftige Salatsorten wie Endivie, Zuckerhut oder Frisée fein geschnitten am besten schmecken. Kräuterblättchen für den Salat werden je nach Sorte zerkleinert oder im Ganzen untergemischt. Die fein gehackten, aromatischen Stiele zum Beispiel von Petersilie, Bärlauch oder Dill würzen das Dressing.

Bunter Salat und Reis

**Zutaten für
4 Portionen**

100 g Basmatireis

6 EL Olivenöl

1 Kopfsalat

1 Handvoll beliebiger Kräuter

6 Radieschen

1 kleine Fenchelknolle

1 Stück Salatgurke

2 reife Tomaten

2 dicke Möhren

3 EL milder Apfelessig

1 EL scharfer Senf

Salz nach Belieben

Frisch gemahlener Pfeffer

1 Den Reis mit reichlich Wasser aufkochen und zuge-deckt bei schwacher Hitze 10 Minuten garen, bis die Körner gerade eben weich sind. Nun den Reis auf ein Sieb abgießen, wieder in den Topf geben und mit 1 EL Olivenöl beträufeln. Den Topfdeckel mit einem Tuch umwickeln, fest auf den Topf drücken und den Reis auf schwächster Schaltstufe nachquellen lassen, bis die Salatzutaten vorbereitet sind.

2 Den Salat in die einzelnen Blätter teilen, zusammen mit den Kräutern waschen und in der Salatschleuder trockenschleudern. Die Radieschen, den Fenchel, die Gurke und die Tomaten waschen und trockentupfen und die Möhren schälen. Die Zutaten zerkleinern (→ links) und in eine Salatschüssel geben.

3 Den Deckel vom Reis nehmen, damit er zum Mischen etwas abkühlt, dann für die Vinaigrette Essig, Senf, Salz und Pfeffer in einem Schälchen verrühren. Das restliche Olivenöl esslöffelweise unterrühren, bis die Vinaigrette sämig ist.

4 Den Salat zuerst mit der Vinaigrette mischen, dann den Reis auf den Salat häufen und alles nur ganz locker mischen. Den Salat sofort servieren, damit der Reis körnig bleibt.

Basenspender

Reis zum Salat – diese Idee stammt aus den Reisländern Asiens: Alle Speisen kommen gemeinsam auf den Tisch, und dazu gibt es eine große Schale frisch gekochten Reis. Zum Entsäuern ist der Basenspender Reis geradezu ideal, ebenso für einen gesunden Blutdruck: Ungesalzen gekocht, sorgt er durch den hohen Kaliumgehalt dafür, dass wir überschüssiges Wasser im Gewebe ausscheiden.

Herbst

Kohl und Gurken

Zutaten für
4 Portionen

Etwa 250 g Chinakohl-
blätter

1 kleines Stück
Weißkohl (etwa 150 g)

1 kleine Salatgurke

1 Handvoll Petersilie

200 kernlose
Weintrauben

2 EL Zitronensaft

4 EL Erdnussöl

Salz nach Belieben

Cayennepfeffer

1 Chinakohl und Weißkohl waschen, trockentupfen und in feine Streifen schneiden. Die Gurke schälen, der Länge nach vierteln und dann in dünne Scheiben schneiden. Die Petersilie waschen, trockentupfen und fein zerkleinern. Alles in einer Salatschüssel mischen.

2 Die Weintrauben waschen, abzupfen, mit dem Zitronensaft in den Mixer geben und pürieren. Das Fruchtpüree mit Erdnussöl unter den Salat mischen. Den Salat mit Salz und Cayennepfeffer abschmecken.

Tipp
Kohl und Gurke (→ oben) oder Kichererbsen mit Brennnesseln (→ rechts) sind leichte Basensalate, die zu Fleisch- und Fischgerichten passen, um Säure zu mildern und für Harmonie zu sorgen.

Brennnesseln und Kichererbsen

Frühling

Zutaten für 4 Portionen

3 Handvoll Brenn-
nesselblätter

1 mittelgroße Zwiebel

2 Gewürznelken

1-2 Kardamomkapseln

4 EL Sonnenblumenöl

1 kleine Dose Kicher-
erbsen

1 Bio-Mandarine

Salz nach Belieben

Frisch gemahlener
Pfeffer

1 Die Brennnesseln waschen, trockenschleudern und hacken, die Zwiebel schälen und fein zerkleinern. Die Nelken und die Kardamomkapseln zerdrücken.

2 Das Öl in einer großen Pfanne erhitzen, Kardamom und Nelken darin unter Rühren leicht anbraten. Die Zwiebel hinzufügen und glasig braten.

3 Die Brennnesseln zugeben und bei starker Hitze unter Rühren schmoren, bis sie intensiv grün sind, dann in einer Salatschüssel mit den abgetropften Kichererbsen mischen.

4 Die Mandarine heiß abwaschen und abtrocknen, etwas Schale abreiben und in die Schüssel geben. Den Mandarinensaft auspressen und hinzufügen, den Salat mit Salz und Pfeffer abschmecken und mischen.

Bunte Hirse

Zutaten für 4 Portionen

500 ml Gemüsebrühe

150 g Hirse

1 kleine Salatgurke

1 Bund Radieschen

Je 1 Handvoll Minze und Dill

4 EL naturtrüber Apfelsaft

2 EL Zitronensaft

1 EL Walnussöl

Salz nach Belieben

Frisch gemahlener Pfeffer

1-2 EL ungeschälte Sesamkörner

1 Die Gemüsebrühe zum Kochen bringen. Die Hirse auf einem Sieb unter fließendem kalten Wasser abspülen und abtropfen lassen. Dann in die Brühe rühren, einmal aufkochen, bei schwacher Hitze 20 Minuten garen und dabei immer wieder umrühren. Den Topf von der Kochstelle nehmen und die Hirse zugedeckt lauwarm abkühlen lassen.

2 Inzwischen die Gurke, die Radieschen, die Minze und den Dill waschen und trockentupfen. Die Gurke und die Radieschen klein würfeln, die Kräuter grob zerkleinern.

3 Diese zerkleinerten Zutaten mit der Hirse in eine Salatschüssel geben. Apfelsaft, Zitronensaft und Öl hinzufügen und alles mischen. Den Salat mit Salz und Pfeffer abschmecken.

4 Den Sesam in eine Pfanne streuen, bei mittlerer Hitze unter Rühren leicht rösten, bis er duftet und dann über den Salat streuen.

Super-Körnchen

Auch bei basischer Kost brauchen wir Getreide, weil es Ballaststoffe liefert, von denen sich unsere Darmflora ernährt; das nützt unserer Verdauung und sorgt deshalb für Wohlbefinden. Hirse, die zu den guten Säurebildnern gehört, ist da genau richtig: Sie enthält besonders viel Kieselsäure für schönes Haar, Fluor für Knochen und Zähne, Eisen fürs Blut, Magnesium für gute Nerven, Phosphor für Zellaufbau und Energieproduktion. Vitamin E gilt als krebsvorbeugend, und die Vitamine der B-Gruppe halten den Stoffwechsel in Schwung. In der Traditionellen Chinesischen Medizin behandelt man mit Hirse Verdauungsschwäche, Brechreiz und Durchfall.

Wissen
Ein Salat für Lunch und Brunch-Büfett: Hirse bleibt im Dressing saftig, wird aber nicht matschig.

Zitronen-Knoblauch-Dressing

Alle Jahreszeiten

Zutaten für 8 Portionen

1 Aufgussbeutel Kräutertee

Saft von 1 Zitrone

2-3 Knoblauchzehen

1 EL Bio-Senf

8 EL Olivenöl

Salz nach Belieben

Frisch gemahlener Pfeffer

1 Den Teebeutel mit 1/2 Tasse kochendem Wasser übergießen, den Tee 5 Minuten ziehen lassen, dann den Teebeutel entfernen und den Tee in den Mixer gießen.

2 Den ausgepressten Zitronensaft, den geschälten Knoblauch, den Senf und das Öl hinzufügen und alles mixen, bis das Dressing sämig ist. Es hält sich im Kühlschrank etwa 1 Woche und passt zu Blattsalat, Getreide- und Hülsenfruchtsalat.

Gut zu wissen

Drei Rezeptbeispiele für Basen-Dressings: Sie können Zitrusfrüchte, Obst und Gemüse, aber keinen Essig enthalten. Auch Milch- und Sojaprodukte passen nicht zur basischen Ernährung. Damit das Dressing sämig wird, schlagen Sie es im Mixer auf.

Beeren-Tomaten-Dressing

**Zutaten für
8 Portionen**

4 reife Tomaten

3 EL Olivenöl

1 EL Basilikumblätter

1 Handvoll Himbeeren

1 Handvoll Brombeeren

Salz nach Belieben

Cayennepfeffer

1 Die Tomaten waschen, mit den Schnittflächen nach unten in eine Pfanne mit dem heißen Olivenöl legen, zugedeckt bei starker Hitze knapp 3 Minuten schmoren und dann etwas abkühlen lassen.

2 Die Tomaten mit Bratöl, Basilikumblättern sowie den gewaschenen Himbeeren und Brombeeren im Mixer pürieren und mit Salz und Pfeffer abschmecken. Es hält sich verschlossen im Kühlschrank etwa 6 Tage und passt zu allen gemischten Salaten, auch mit Obst.

Nuss-Kräuter-Dressing

Sommer Herbst

Tipp
Das heiße Dressing mit dem vorbereiteten Gemüse oder den gekochten Kartoffelscheiben mischen – eventuell auch mehr Dressing nehmen, falls Sie den Salat sehr saftig mögen.

**Zutaten für
8 Portionen**

Je 2 Zweige Oregano und Thymian

1 kleine Zwiebel

5 EL Rapsöl

125 ml Gemüsebrühe

Salz nach Belieben

1 EL Nussmus

2 EL Zitronensaft

1 Die Kräuter waschen, trockentupfen und sehr fein hacken. Dabei eventuell harte Stiele entfernen. Die Zwiebel schälen, ganz fein zerkleinern und mit dem heißen Öl in einer Pfanne bei schwacher Hitze glasig braten.

2 Oregano und Thymian hinzufügen und unter ständigem Rühren knapp 1 Minute bei mittlerer Hitze braten und dann alles in den Mixer geben.

3 Die Brühe in die Pfanne gießen und den Bratfond damit lösen. Mit Salz, Nussmus und Zitronensaft verrühren, zur Kräutermischung geben und zum Dressing mixen. Das Dressing hält sich verschlossen im Kühlschrank etwa 3 Tage und passt zu Salat mit Kartoffeln, Gemüse und speziell zu Kohlsalat.

Regenbogensalat mit Gemüsedressing

Sommer Herbst

Zutaten für 4 Portionen

Für das Dressing

1/2 kleine Salatgurke

2 reife runde Tomaten

2 kleine Möhren

1 kleine Fenchelknolle

1/4 kleine Honig-melone

2 EL Zitronensaft

100 ml Wasser

2 EL Sonnenblumenöl

Salz nach Belieben

Frisch gemahlener Pfeffer

1 Handvoll Basilikum-blättchen

Für den Salat

2 Maiskolben

3 reife Fleischtomaten

150 g Rotkohl

10 Endiviensalatblätter

1 rote Paprikaschote

1 Handvoll Feldsalat

1 Für das Dressing die Gurke und die Tomaten waschen und in Stücke schneiden. Die Möhren schälen, den Fenchel halbieren und waschen, die Melone schälen und von den Kernen befreien. Auch diese Zutaten in Stücke schneiden, dann mit der Gurke und den Tomaten in den Mixer geben.

2 Zitronensaft und Wasser hinzufügen und das Gemüse pürieren. Das Dressing in ein hohes Gefäß geben, mit Salz und Pfeffer würzen und das Öl untermischen. Zum Schluss die gewaschenen, grob zerkleinerten Basilikumblätter untermischen.

3 Für den Salat die Hüllblätter und Fäden der Mais-kolben entfernen, die Kolben in reichlich sprudelnd kochendem Wasser einmal aufkochen und etwa 10 Minuten garen. Dann abgießen, abtropfen und etwas abkühlen lassen.

4 Inzwischen die Tomaten waschen und klein würfeln, den Rotkohl waschen und fein hobeln. Die Paprika-schote waschen, halbieren und putzen, den Endivien-salat waschen und trockenschleudern. Beide Zutaten in feine Streifen schneiden.

5 Alle Salatzutaten schichtweise in hohe Gläser geben. Zum Schluss den Feldsalat waschen, trockenschleudern und auf den Salatportionen verteilen. Dazu das Gemüse-dressing servieren.

Tipp
Würziger Fatburning-Snack für Lunch und leichtes Abendessen: Gemüse und Basendressing sorgen für ein gutes Körpergefühl.

Obstsalat mit Fruchtdressing

Zutaten für 4 Portionen

Für das Dressing

1 TL Grüner Tee

250 g ungeschwefelte, getrocknete Aprikosen

4 getrocknete Datteln

3 EL Orangensaft

1 EL Zitronensaft

1 Stück Bio-Orangenschale (etwa 3 cm lang)

Für den Salat

Etwa 800 g Obst der Saison (→ Kasten)

1 Vanilleschote

1 Den Tee mit einer Tasse heißem, nicht kochendem Wasser übergießen und zugedeckt 3 Minuten ziehen lassen. Dann in einen Kochtopf absieben.

2 Die Aprikosen und die Datteln mit dem Orangen- und Zitronensaft sowie der Orangenschale hinzufügen und einmal aufkochen, dann auf der abgeschalteten Kochstelle zugedeckt ziehen lassen, bis die anderen Früchte vorbereitet sind.

3 Das Obst vorbereiten, in mundgerechte Stücke schneiden und in eine Schüssel geben. Die Vanille-schote mit einem kleinen, spitzen Messer aufschneiden, das Mark herauskratzen und zum Obst geben.

4 Die Trockenfrüchte im Mixer pürieren, über das Obst gießen und alles locker mischen. Den Salat sofort servieren.

Tipp
Der Salat passt zu jeder Tageszeit: Richtig reifes Obst hat viel Aroma, und die Süße kommt vom Dressing mit Trockenfrüchten.

Wissen

Im Winter und zeitigen Frühling nehmen Sie Äpfel, Bananen, Orangen und nach Wunsch auch Exotenfrüchte wie Mango, Papaya und Ananas. Im Sommer schmecken alle Beeren, dazu Kirschen, reife Feigen, Melonen, Mirabellen und Pfirsiche oder Nektarinen. Im Herbst sind Äpfel, Birnen, Zwetschgen, Weintrauben und frische Cranberrys dran, nach Wunsch ergänzt mit Quitten-kompott und eingekochten Preiselbeeren.

Eiweiß sichern

Mit Salat kommen wir ganz leicht auf unser tägliches Eiweißsoll: durch Topping aus Käse, Eier, Fleisch oder Fisch, Dressings mit Milchprodukten oder mit bestimmten Pflanzenkombinationen.

Melone und Schinken

Zutaten für 4 Portionen

Für das Dressing
1 reifer Pfirsich

4 EL Apfelsaft

2 EL Apfelessig

1 TL brauner Zucker

2 EL Haselnussöl

Für den Salat
2 Handvoll Linsenblätt-chen (→ Seite 20 f.)

3 Handvoll Rucola

1 kleine Cantaloupe- oder Netzmelone

8 hauchdünne Schei-ben Serrano- oder Parmaschinken

150 g Ziegenfrischkäse

1 EL Walnusskerne

Salz nach Belieben

Frisch gemahlener Pfeffer

1 Für das Dressing den Pfirsich waschen oder schälen, halbieren, entsteinen und mit Apfelsaft und Apfelessig im Mixer pürieren. Den Zucker und das Öl unterrühren.

2 Zuerst die Linsenblättchen, dann die Rucola waschen und trockentupfen. Etwa die halbe Menge Rucolablätter grob zerkleinern, mit den Linsenblättchen und 3 EL Dressing vermischen und auf Portionstellern anrichten.

3 Die Melone halbieren, die Kerne entfernen, die Melonenhälften in Schnitze teilen, schälen und auf die Portionsteller legen.

4 Die restlichen Rucolablätter und den Schinken auf der Melone verteilen. Den Ziegenkäse mit einer Gabel in Stücke teilen und auf der Melone anrichten. Dann die Nüsse grob hacken und darüberstreuen.

5 Die Salatportionen mit dem restlichen Dressing beträufeln, mit Salz und Pfeffer würzen und sofort servieren.

Tipp
Ein proteinreicher Salat, der mit Brot zum Lunch schmeckt und Ihre Energie-speicher wieder auffüllt.

Variante
Der Salat eignet sich gut für Wraps oder als Fül-lung für Pitabrote. Und den Schinken können Sie weglassen, wenn Sie lieber fleischlos essen: Zie-genkäse liefert genügend Eiweiß und dazu noch eine gute Portion Calcium. Genau wie Schafskäse gehört er zu den Käsesorten, die diesen wichtigen Mineralstoff für kräftige Knochen und gesunde Zähne in beachtlichen Mengen enthalten.

Sommer

Herbst

Tomaten und Feta

Zutaten für
4 Portionen

4–5 große,
reife Tomaten

1 große, milde
Gemüsezwiebel

1 Handvoll Basilikum-
oder Rucolablätter

Salz nach Belieben

Frisch gemahlener
Pfeffer

1 EL Balsamessig

3 EL Olivenöl

200 g Fetakäse

1 Die Tomaten waschen, abtrocknen und in große Würfel schneiden, die Zwiebel schälen und halbieren, dann in dünne Scheiben schneiden. Basilikum oder Rucola waschen, trockentupfen und fein zerkleinern.

2 Alle Zutaten in einer großen Schüssel mit Salz, grobem Pfeffer, Balsamessig und Olivenöl mischen. Den Feta in Stücke teilen und locker unter den Salat mischen.

Als Variante ...

... statt Feta je 200 g Seitan (→ Seite 97) und Vollkornbrot würfeln und in 3 EL heißem Olivenöl braten.
Den Tomatensalat wie oben, allerdings ohne Öl, zubereiten, Seitan und Brot zugeben, alles mischen und sofort servieren: Genau wie der Salat mit Feta schmeckt auch diese Variante mittags am besten.

Fenchel und Salami

Sommer

Zutaten für
4 Portionen

Saft von 1 Zitrone

Etwas abgeriebene
Bio-Zitronenschale

6 EL Apfelsaft

1 EL Zitronensenf

3 EL Olivenöl

3 mittelgroße Fenchel-
knollen mit Grün

50 g italienische
Salami

100 g schwarze Oliven

Salz nach Belieben

Frisch gemahlener
Pfeffer

1 Den ausgepressten Zitronensaft, die Zitronenschale,
den Apfelsaft, den Senf und das Öl in einer Salatschüssel
verrühren.

2 Die Fenchelknollen waschen, trockentupfen, vierteln
und in kleine Stücke schneiden, das Fenchelgrün grob
zerkleinern, dann alles in die Salatschüssel geben und
mischen. Den Salat zugedeckt 15 Minuten ziehen lassen.

3 Die Salamischeiben in Streifen schneiden und mit den
Oliven unter den Salat mischen. Den Salat mit Salz und
Pfeffer abschmecken und auf Portionstellern anrichten.

Tipp
Mit Toskanabrot ein leichter Sommersalat, der zu jeder
Tageszeit passt: Fenchel ist auch abends leicht verdau-
lich, Oliven und Salami machen angenehm satt.

Salat mit Granatapfel und Halloumi

**Zutaten für
4 Portionen**

4 Handvoll
Schnittsalat

1 Handvoll Rucola,
Dill, Schnittlauch
und Basilikum

1 Handvoll Cocktail-
tomaten

1 Bio-Orange

1 Granatapfel

Saft von 1/2 Zitrone

2 EL Apfelsaft

1 TL Johannisbeer-
oder Quittengelee

Salz nach Belieben

Frisch gemahlener
Pfeffer

2 EL Walnussöl

1 Packung Halloumi
(etwa 225 g)

2 EL Rapsöl

1 Schnittsalat, Rucola, Dill, Schnittlauch und Basilikum waschen, trockenschleudern und grob zerkleinern. Tomaten waschen und halbieren, die Orange schälen und in die Filets teilen. Alle Zutaten in eine Salatschüssel geben.

2 Ein Sieb über die Schüssel mit dem Salat legen. Den Granatapfel quer halbieren, die Kerne mit einem Löffel herausholen und auf das Sieb geben. Dann mit dem Löffel rühren, sodass der Granatapfelsaft in den Salat abtropft. Schließlich die weißen, bitteren Häutchen zwischen den Granatapfelkernen entfernen und die Kerne zum Salat geben.

3 Den Zitronensaft mit dem Apfelsaft, dem Gelee, Salz, Pfeffer und dem Walnussöl verrühren. Das Dressing über den Salat in der Schüssel geben und alles mischen. Den Salat auf Portionstellern verteilen.

4 Den Halloumi trockentupfen, in Scheiben schneiden und auf ein Backblech legen. Dann mit Pfeffer würzen, mit dem Rapsöl beträufeln und unter dem heißen Backofengrill in 6 bis 8 Minuten schön bräunen, herausnehmen und heiß auf dem Salat anrichten.

Tipp

Den Grillkäse Halloumi können Sie selbstverständlich auch in der Pfanne braten.

Tipp
Ein Salat zum Sattessen, der Ihnen Protein und Fett für Ihre Energiespeicher liefert und sehr gut als Mittagessen geeignet ist.

Tipp

Der Salat ist ein Hauptgericht für mittags und abends. Für die vegetarische Variante das Fleisch durch Tofu oder Seitan (→ Seite 97) ersetzen.

Nachhaltig handeln

Teilstücke von Geflügel zählen beim Verbraucher zur schnellen Küche und gesunden Ernährung. Deshalb werden vorwiegend Brust und Schenkel von Hähnchen, Pute und Ente gekauft. Doch alles, was wir nicht essen, wird häufig in Dritte-Welt-Länder exportiert. Das schadet den einheimischen Geflügelbauern, und es gehen Arbeitsplätze dadurch verlo-

Wenn Sie Tofu für den Salat nehmen, bestreichen Sie den Tofublock mit Sojasauce und Erdnussöl, braten ihn im Ganzen, bis er heiß ist, und mischen ihn dann gewürfelt unter den fertigen Salat.

ren. Und weil Geflügelfleisch selbst bei Kühlung leicht verderblich ist, gefährden unsere Exporte nicht nur die Wirtschaft, sondern auch die Gesundheit der Menschen in der Dritten Welt.

Fazit: Entweder verwerten wir das ganze Tier, das wir aus artgerechter Tierhaltung geholt haben, oder wir verzichten darauf. Diesen Salat können Sie mit Resten vom Brathähnchen, Suppenhuhn aus der Brühe oder mit anderem Geflügelfleisch zubereiten. Und selbstverständlich mit Tofu (→ links), wenn Sie kein Fleisch essen wollen.

Reisnudel-Salat mit Huhn

**Zutaten für
4 Portionen**

1 kleine Salatgurke

2 Frühlingszwiebeln

1 kleine Limette

150 g gegartes
Hähnchenfleisch

2 Möhren

1 spitze rote
Paprikaschote

1 rote Chilischote

1 kleines Stück
frischer Ingwer

2 EL gesalzene
Erdnusskerne

4 EL Erdnussöl

200 g dünne
Reisnudeln

2-3 EL Reisessig

1 TL dunkles Sesamöl

1-2 TL schwarze
Sesamsamen

Salz nach Belieben

1 Die Gurke waschen, der Länge nach halbieren und dann in dünne Scheiben schneiden. Die Frühlingszwiebeln waschen, trockentupfen und mit dem saftigen Zwiebelgrün in Röllchen schneiden. Die Limette mit einem scharfen Messer schälen, dabei auch die weiße Haut entfernen und dann in kleine Würfel schneiden. Das Hähnchenfleisch in kleine Stücke schneiden.

2 Die Möhren schälen und in Streifen hobeln, die Paprikaschote und die Chilischote waschen, halbieren, von Stiel und Kernen befreien und in feine Streifen schneiden. Den Ingwer schälen und sehr fein zerkleinern.

3 Die Erdnusskerne grob hacken und im Wok mit dem heißen Öl bei schwacher Hitze rösten, bis sie intensiv duften. Die Möhren, den Ingwer sowie die Paprika- und die Chilischote zugeben und nur einige Male umrühren, damit das Gemüse heiß ist.

4 Die Reisnudeln nach Packungsaufschrift mit kochendem Wasser übergießen, ziehen lassen und mit einer Küchenschere klein schneiden, sobald sie weich sind, dann auf ein Sieb abgießen, gut abtropfen lassen und heiß mit dem Gemüse im Wok mischen.

5 Die Mischung in eine Salatschüssel geben, die Gurke, die Frühlingszwiebeln, die Limettenwürfel und das Hähnchenfleisch, den Reisessig, das Sesamöl und die Sesamsamen hinzufügen und alles mischen. Den Salat mit Salz abschmecken und warm servieren.

Kohlblätter und Seitan

**Zutaten für
4 Portionen**

125 g Glutenpulver
(→ rechts)

1/2 TL Salz

1/4 TL Chiliflocken

1/2 TL gemahlener
Kreuzkümmel

1/4 TL getrockneter
Thymian oder Majoran

Etwa 125 ml kaltes
Wasser

3 EL Sonnenblumenöl

4 Handvoll Cima di
rapa, Grünkohl, Cavolo
nero, Chinakohl und/
oder Paksoi gemischt

3 EL Olivenöl

2 EL Zitronensaft

1 EL Agavendicksaft

Salz nach Belieben

Frisch gemahlener
Pfeffer

4 EL Joghurt oder
Sojasahne

1 Das Glutenpulver in einer Schüssel mit Salz, Chili, Kreuzkümmel und Thymian mischen. Das Wasser hinzugießen und zuerst alles mit einem Kochlöffel mischen, dann mit der Hand kneten, bis ein gummiartiger Teigkloß (Seitan) entstanden ist. Dabei eventuell noch ein paar Tropfen Wasser dazugeben.

2 Das Seitan zuerst in Scheiben, dann in gut fingerbreite Streifen schneiden und in einer Pfanne mit dem heißen Sonnenblumenöl auf beiden Seiten anbraten, dann zugedeckt bei mittlerer bis schwacher Hitze 20 Minuten dünsten, bis die Streifen durchgegart, leicht gebräunt und nicht mehr glasig sind.

3 Inzwischen die Kohlblätter waschen, grob zerkleinern, mit 1 EL Olivenöl in einen Topf geben und unter Rühren bei starker Hitze etwa 1 Minute dünsten, bis sie intensiv grün sind. Dann in eine Salatschüssel geben und den Zitronensaft, den Agavendicksaft und das restliche Olivenöl hinzufügen.

4 Den Salat mit Salz und Pfeffer würzen, mischen und auf Portionstellern verteilen. Das gebratene Seitan auf den Salat legen und jeweils 1 Löffel Joghurt oder Sojasahne darauf geben.

Tipp
Mit Sojasahne ein Vegan-Salat fürs Abendessen, denn gebraten sind die Kohlblätter noch besser verdaulich als roh.

Was ist Seitan?

Tipp
»Cavolo nero« ist ein Grünkohlverwandter, den es inzwischen auch bei uns zu kaufen gibt, »Cima di rapa« gehört ebenfalls zu den Blattkohlsorten und gedeiht sehr gut im Gartenbeet.

Ein proteinreicher *Teig* aus Gluten, dem Eiweißbestandteil von Weizen. Seitan gehört seit Jahrhunderten zur vegetarischen Ernährung in Ostasien, und viele Menschen mögen den leichten Fleischgeschmack dieses *Weizensteaks* lieber als den neutralen Tofu. Seitan kann man genauso wie Tofu oder Fleisch zubereiten, also braten, schmoren, als Suppeneinlage oder eben als Topping für Salat verwenden. In vielen Grundrezepten für Seitan wird empfohlen, den Teigkloß vor der Weiterverarbeitung in reichlich Wasser zu kochen, doch das ist nach meiner Erfahrung nicht notwendig. Glutenpulver bekommen Sie im Biohandel. Es lässt sich leicht lagern, ist nahezu unbegrenzt haltbar und rasch zubereitet.

Tipp
Ein edler Snack-Salat
für jede Tageszeit.
Das Dressing nicht mit ins
Reisblatt geben, sonst halten
die Rollen nicht
zusammen.

Bewusst einkaufen

Shrimps und Speisefische kommen überwiegend aus ökologisch bedenklichen Aquakulturen: Es handelt sich dabei um Massentierhaltung mit dichtem Besatz, sodass wie bei anderen Nutztieren Antibiotika zugefüttert werden müssen. Für die Kulturen werden Mangrovenwälder gerodet, die Ausscheidungen der Tiere

Shrimps und Fisch aus ökologischer Aquakultur gibt es von den Öko-Verbänden »Naturland« und »Bioland« in gut sortierten Naturkostläden und Bio-Supermärkten. Infos dazu → Seite 142.

verschmutzen die Küstenregionen, traditioneller Fischfang durch die Menschen, die seit Jahrhunderten davon leben, ist nicht mehr möglich.

Ökologische Aquakultur dagegen passt sich in die Umgebung ein, Schäden werden vermieden, die früheren Mangrovenflächen werden wieder aufgeforstet. Die Besatzdichte ist tiergerecht, Antibiotika sind verboten, verfüttert wird nicht Fischmehl, sondern pflanzliches Futter aus ökologischer Landwirtschaft, kleine Betriebe werden nicht verdrängt, sondern in die Projekte eingebunden.

Salat im Reispapier

Zutaten für 4 Portionen

Für das Erdnussdressing

1 EL ungesalzene Erdnusskerne

3 EL Erdnusscreme

100 ml kalte Gemüsebrühe

1 EL Reisessig

1 EL Sojasauce

2 EL Erdnussöl

Für den Salat

150 g Shrimps (→ links)

1 EL Zitronensaft

Salz nach Belieben

Frisch gemahlener Pfeffer

1 kleine Salatgurke

1 Handvoll Petersilie, Spinat und Rucola, gemischt

1 Handvoll Kresse

1 Handvoll Schnittlauchhalme

8 Reisblätter von 20 cm Durchmesser

1 Für das Dressing die Erdnusskerne fein hacken, mit der Erdnusscreme, der Brühe, dem Reisessig, der Sojasauce und dem Öl in einem Schälchen mischen und dann auf 4 Portionsschälchen verteilen.

2 Die Shrimps kalt abspülen, trockentupfen und auf einem Teller mit dem Zitronensaft, etwas Salz und einer kräftigen Prise Pfeffer vermischen.

3 Die Gurke waschen oder schälen und in etwa 2 cm lange Stifte schneiden. Die Petersilie, den Spinat und die Rucola waschen, trockentupfen und grob zerkleinern. Die Kresse auf einem Sieb kalt abspülen, abtropfen lassen und mit den anderen Kräutern mischen. Die Schnittlauchhalme ebenfalls waschen und trockentupfen.

4 Eine flache Schüssel mit kaltem Wasser füllen. Sie muss so groß sein, dass die Reisblätter flach darin liegen können. Ein Reisblatt einweichen, bis es gerade eben weich ist.

5 Das Blatt aus dem Wasser nehmen und zum Füllen auf einem Küchentuch ausbreiten. Je eine Portion Shrimps und Kräuterblättchen als etwa fingerlangen Streifen in die Mitte des Blattes geben und darauf Schnittlauchhalme sowie 3 oder 4 Gurkenstifte legen.

6 Das Reisblatt zuerst jeweils an den beiden Schmalseiten des Streifens nach innen schlagen. Nun die Längsseite, die Ihrem Körper am nächsten liegt, über die Füllung legen und das Reisblatt vorsichtig, aber möglichst stramm aufrollen.

7 Die Salatrollen zum Dressing servieren: Zum Essen die Rollen ins Dressing tauchen und abbeißen.

Buntes mit Lachs

**Zutaten für
4 Portionen**

Für das Dressing

1 kleines Stück
frischer Ingwer

Saft von je 1 kleinen
Limette und Orange

1 EL Fischsauce

2 EL Erdnussöl

Für den Salat

1 roter Apfel

150 g Knollensellerie

4 große Radieschen

4 Blätter Friséesalat

2 Blätter Endiviensalat

150 g Rotkohl

Salz nach Belieben

Frisch gemahlener
Pfeffer

8 Scheiben
Räucherlachs

2 TL Lachskaviar

2 TL geschälte
Sesamsamen

1 Für das Dressing den Ingwer schälen und ganz fein zerkleinern. In eine Salatschüssel geben und mit dem ausgepressten Saft der Limette und Orange, der Fischsauce und dem Erdnussöl verrühren.

2 Den Apfel waschen, vierteln, entkernen, in feine Stifte hobeln und sofort mit dem Dressing mischen, damit er sich nicht verfärbt. Den Sellerie schälen, ebenfalls hobeln und mit dem Dressing mischen.

3 Die Radieschen, die Salatblätter und den Rotkohl waschen und zerkleinern: Die Radieschen zuerst in feine Scheiben, dann in dünne Stifte schneiden, den Rotkohl in Streifen hobeln und die Endiviensalatblätter mit einem scharfen Messer fein schneiden. Den Frisée in mundgerechte Stücke schneiden. Dann alles zum Dressing geben und den Salat mischen.

4 Den Salat mit Salz und Pfeffer abschmecken und auf Portionsschälchen verteilen. Die Lachsscheiben auf den Salatportionen anrichten, mit dem Lachskaviar garnieren und mit dem Sesam bestreuen.

Gut und gesund

Ein edler, nährstoffreicher Salat zum Sattessen, der mittags und abends schmeckt und lauter gesunde Zutaten enthält: Ingwer gehört zu den Lebensmitteln, die krebserregende Substanzen unschädlich machen. Sesam festigt Knochen und Zähne durch Calcium und beruhigt die Nerven durch Magnesium. Lachs liefert Protein, wertvolle Omega-3-Fettsäuren und Vitamin D. Wo Sie gute Qualität bekommen, finden Sie auf Seite 142. Äpfel sind gut für die Darmflora, Rohkost aus unterschiedlichen Gemüsesorten regt die Verdauung an.

Tipp

Die beiden Salate auf dieser Doppelseite schmecken mittags am besten.

Sommer

Herbst

Brotsalat mit Käse

Zutaten für 4 Portionen

1/2 Fladenbrot

6 Salbeiblätter

1 rote Zwiebel

4 reife Tomaten

6 EL natives Olivenöl

2 Zweige Basilikum

2 EL Balsamessig

Salz nach Belieben

Frisch gemahlener Pfeffer

4 kleine Ziegenkäse

1 Das Fladenbrot in grobe Stücke schneiden, die Salbeiblätter waschen, trockentupfen und in feine Streifen schneiden. Die Zwiebel schälen und grob würfeln, 2 Tomaten waschen, trockentupfen und ebenfalls würfeln.

2 In einer Pfanne 4 EL Öl erhitzen. Brot, Salbei, Zwiebel und Tomatenwürfel darin unter Wenden braten, bis die Zwiebel weich ist und die Tomaten etwas Saft abgeben. Die Mischung nun in eine Salatschüssel geben.

3 Die restlichen Tomaten waschen und würfeln, das Basilikum, waschen, trockentupfen und grob zerkleinern. Beide Zutaten zur warmen Brotmischung geben, den Essig und das restliche Öl hinzufügen. Den Salat mit Salz und Pfeffer würzen, mit Ziegenkäsestücken belegen und warm servieren.

Bärlauch mit Kartoffeln

Frühling

**Zutaten für
4 Portionen**

700 g kleine neue
Kartoffeln

2 EL Mascarpone

100 ml Gemüsebrühe

1 TL scharfer Senf

3 EL Apfelessig

1 Bund Bärlauch

150 g frische Erbsen

2 EL Sonnenblumenöl

Salz nach Belieben

Frisch gemahlener
Pfeffer

1 Die Kartoffeln waschen und mit der Schale in wenig Wasser weich kochen. Dann abgießen, ganz kurz kalt abschrecken, möglichst heiß schälen und in eine Schüssel geben. Mascarpone, Gemüsebrühe, Senf und Apfelessig hinzufügen und alles mischen.

2 Während die Kartoffeln kochen, den Bärlauch waschen, trockentupfen und grob zerkleinern. Die Erbsen waschen und trockentupfen. Beide Zutaten im heißen Sonnenblumenöl kurz schwenken, dann mit den warmen Kartoffeln mischen. Den Salat mit Salz und Pfeffer abschmecken und servieren.

Tipp
Die Kombination von Kartoffeln und Mascarpone oder Brot und Käse liefert Protein auch ohne Fleisch.

Buntes mit Buchweizennudeln

Frühling

Zutaten für 4 Portionen

Für den Salat

200 g Räuchertofu

1 EL Sesamsamen

4 Frühlingszwiebeln

2 dicke Möhren

1 Stück Rotkohl
(etwa 200 g)

1 Handvoll frischer
Koriander

100 g Buchweizen-
nudeln (→ Kasten)

Für das Dressing

1 Stück frischer Ingwer
(etwa 2 cm lang)

1 Knoblauchzehe

Saft von 1 Limette

2 EL Reiswein oder
trockener Sherry

1 EL helle Sojasauce

1 EL dunkle Sojasauce

1 TL dunkles Sesamöl

Eventuell Salz
nach Belieben

Tipp
Der vegane Salat ist ein kräftiges Hauptgericht für mittags und abends. Er eignet sich zum Mitnehmen, denn Buchweizennudeln schmecken kalt besonders gut.

1 Den Räuchertofu zuerst in Scheiben, dann in knapp fingerbreite Streifen schneiden. Den Sesam in einer kleinen Pfanne bei schwacher Hitze unter ständigem Rühren rösten, bis er duftet.

2 Die Frühlingszwiebeln putzen, waschen und mit den saftigen grünen Blättern schräg in Scheibchen schneiden. Die Möhren schälen und in schmale Stifte hobeln, den Rotkohl waschen, trockentupfen und ebenfalls fein hobeln. Den Koriander waschen, trockentupfen und grob zerkleinern und alle Zutaten mit Tofu und Sesam in einer Schüssel mischen.

3 Die Nudeln nach Packungsaufschrift in reichlich Wasser (ohne Salz) in 6 bis 7 Minuten bissfest garen. Dann auf ein Sieb abgießen und mit kaltem Wasser abschrecken, gut abtropfen lassen und zu den Salatzutaten in die Schüssel geben.

4 Für das Dressing den Ingwer schälen, sehr fein zerkleinern und in ein Schälchen geben. Den Knoblauch schälen und durch die Knoblauchpresse dazudrücken. Den ausgepressten Limettensaft, Reiswein, die Sojasauce und das Sesamöl zugeben und alles verrühren.

5 Das Dressing über den Salat in der Schüssel geben, den Salat mischen, nach Wunsch mit Salz abschmecken und lauwarm oder kalt servieren.

Wissen
Soba sind graubraune, japanische Nudeln aus Buchweizen, Weizen, Salz und Wasser, die Sie in Asienläden und großen Supermärkten bekommen.

Thunfisch und Nudeln

**Zutaten für
4 Portionen**

250 g dicke Nudeln
(Penne, Farfalle
oder Orecchiette)

Salz nach Belieben

1 EL Öl

100 g entsteinte
schwarze und grüne
Oliven

2 Dosen Thunfisch
in eigenem Saft

2 EL Basilikumblätter

1 EL Pinienkerne

1 EL Kapern

4-6 Kapernfrüchte

2 EL Joghurt

1 EL Zitronensaft

2 TL scharfer Senf

Frisch gemahlener
Pfeffer

1 Die Nudeln in reichlich Salzwasser bissfest kochen, auf ein Sieb abgießen, kurz abtropfen lassen und dann heiß in einer Schüssel mit 1 EL Öl mischen.

2 Während die Nudeln kochen, die Oliven grob zerkleinern. Den Thunfisch auf dem Sieb abtropfen lassen, dann auf einen Teller geben und mit zwei Gabeln in mundgerechte Stücke teilen. Die Hälfte der Basilikumblätter waschen, trockentupfen und fein zerkleinern.

3 Die Pinienkerne in eine kleine Pfanne streuen und unter ständigem Rühren bei mittlerer Hitze zartbraun rösten. Dann zu den gegarten Nudeln geben, den Thunfisch, die Oliven, das zerkleinerte Basilikum, die abgetropften Kapern und die Kapernfrüchte hinzufügen.

4 Joghurt, Zitronensaft und Senf zufügen und alles locker mischen. Den Salat mit Salz und grobem Pfeffer würzen und mit den ganzen Basilikumblättern bestreut möglichst noch lauwarm servieren: Der Salat ist ein kräftiges Hauptgericht, das mittags und abends schmeckt – ebenso wie die folgenden Varianten.

Zur Abwechslung

★ Wer keinen Thunfisch mag, mischt den Salat mit kleinen Mozzarellakugeln oder mit gewürfeltem Gorgonzola.

★ Noch würziger schmeckt der Salat mit schwarzer Olivenpaste (Tapenade), Pesto oder Bruschetta-Mus. Die Zutaten bekommen Sie in Naturkostläden oder Feinkostgeschäften.

★ Anstelle von Thunfisch 1 Dose weiße Riesenbohnen nehmen und den Salat noch mit Fenchelstreifen anreichern.

★ Wer lieber Fleisch statt Fisch isst, mischt den Salat mit dünnen Salamischeiben, klein gewürfeltem kaltem Braten oder Schinken.

Griechischer Salat

Zutaten für
4 Portionen

1 rote Zwiebel

1 Salatgurke

3 Fleischtomaten

2 Handvoll Rucola
und Petersilie

10 schwarze Oliven

1/2 TL Paprikaflocken

Salz nach Belieben

300 g Fetakäse

3-4 EL Zitronensaft

5 EL Olivenöl

1 Die Zwiebel schälen und in feine Ringe schneiden,
die Gurken waschen oder schälen und in Scheiben
schneiden, die Tomaten waschen und achteln. Rucola
und Petersilie waschen, trockenschleudern und grob
zerkleinern. Die Oliven nach Wunsch entsteinen.

2 Alle Zutaten auf Portionstellern anrichten, dann mit
den Paprikaflocken und Salz bestreuen. Den Schafskäse
mit einer Gabel zerkleinern und auf dem Salat verteilen.
Zum Schluss den Zitronensaft mit dem Öl verrühren
und über die Salatportionen träufeln.

Tipp

Das ist einer der ersten Bistrosalate (→ Seite 8), den man
mit Fladenbrot und oft auch Zaziki als Hauptgericht isst:
Griechischer Salat schmeckt zu jeder Tageszeit.

Reis und Gemüse

Herbst

**Zutaten für
4 Portionen**

100 g Vollkornreis

250 ml Wasser

4 EL Erdnussöl

200 g gegartes
Hühnchenfleisch

2 mittelgroße Möhren

2 Stangen Sellerie

2 EL Reis- oder
Sherry-Essig

2 Handvoll Feldsalat

2 mittelgroße Tomaten

1/2 Bund Radieschen

Salz nach Belieben

1 Den Reis mit dem Wasser aufkochen und zugedeckt bei schwacher Hitze in 20 Minuten gerade eben weich garen. Dann auf einem Sieb kurz abtropfen lassen und noch heiß in einer Salatschüssel mit 1 EL Öl vermischen.

2 Während der Reis gart, das Hähnchenfleisch, die geschälten Möhren und die gewaschenen Selleriestangen würfeln und in einer Pfanne mit dem restlichen Öl bei mittlerer Hitze unter ständigem Rühren etwa 3 Minuten braten. Dann zum Reis geben, den Essig hinzufügen und alles mischen.

3 Den Feldsalat waschen und trockenschleudern, die Tomaten und die Radieschen waschen und würfeln. Alle Zutaten zum Salat geben, den Salat mit Salz würzen, noch einmal mischen und sofort servieren. Er eignet sich als kräftiges Hauptgericht für mittags und abends.

Quinoa mit gebratenem Kürbis

Herbst
Winter

Zutaten für 4 Portionen

Für das Dressing

2 Eier

125 g mittelscharfer Senf

1 EL Honig

3 EL Sonnenblumenöl

1 EL Kürbiskernöl

Salz nach Belieben

Frisch gemahlener schwarzer Pfeffer

Für den Salat

100 g Quinoa

Etwa 250 ml Gemüsebrühe

Je etwa 200 g roter und grüner Hokkaido-Kürbis

1 mittelgroße Rote Bete

3 EL Öl

1 EL Korinthen

100 g Manouri- oder Fetakäse

1 EL Walnusskerne

1 EL gehackte Petersilie

Tipp
Ein Salat zum Auftanken beim Lunch: mit pflanzlichem Eiweiß von Quinoa und Nüssen, tierischen Proteinen von Eiern und Käse.

1 Das Ei in etwa 8 Minuten hart kochen, dann abgießen, kalt abschrecken, schälen und halbieren. Das Eigelb herauslösen und in einer Schüssel mit einer Gabel zerdrücken. Das Eiweiß sehr fein hacken und auf einem Teller beiseite stellen.

2 Den Senf und den Honig zum Eigelb geben und alles mit einem Schneebesen verrühren. Das Sonnenblumenöl nach und nach zugießen und dabei kräftig weiterrühren. Nun das Kürbiskernöl unterrühren und das Dressing mit Salz und Pfeffer abschmecken.

3 Quinoa und Brühe in einem Topf aufkochen und zugedeckt bei schwacher Hitze 15 Minuten garen. Nun den Topf von der Kochstelle nehmen, das Quinoa lauwarm abkühlen lassen und dann das fein gehackte Eiweiß untermischen.

4 Die Kürbisstücke waschen, trockentupfen und dann in dünne Scheiben schneiden. Die Rote Bete waschen, schälen, halbieren und ebenfalls in Scheiben schneiden.

5 Das Öl in einer großen Pfanne erhitzen und die Scheiben von Kürbis und Roter Bete darin portionsweise kräftig anbraten und dabei bräunen. Dann die Korinthen untermischen und alles zugedeckt bei mittlerer Hitze etwa 3 Minuten dünsten, bis die Rote Bete weich ist.

6 Auf Portionstellern zuerst Kürbis und Rote Bete verteilen und mit Senfsauce beträufeln. Dann das Quinoa auf den Salat geben und ebenfalls mit etwas Dressing beträufeln. Nun den Käse in kleinen Stücken, die grob zerkleinerten Walnusskerne und die Petersilie auf dem Salat verteilen. Den Salat mit grob gemahlenem Pfeffer bestreuen und lauwarm servieren.

Zur Abwechslung

Der Salat schmeckt auch mit Buchweizen, den Sie ebenso wie Quinoa garen: 100 g Buchweizenkörner mit 300 ml Wasser etwa 20 Minuten weich kochen. Buchweizen ist in der glutenfreien Ernährung eine nahrhafte Alternative zu Reis und Hirse. Mit etwa 10 Prozent Gehalt an hochwertigem Eiweiß gehört er zu den eiweißreichen Körnerpflanzen und enthält sogar die essenzielle Aminosäure Lysin. Zudem gelten zwei seiner Inhaltsstoffe als wirksame Substanzen gegen Krebs: Vitamin E entschärft aggressive Sauerstoffverbindungen, Rutin wiederum schützt vermutlich die Vitamin-E-Komponenten, sodass sie ihre Funktion erfüllen können. Wichtig für kritische Konsumenten: Dünger und Pflanzenschutzmittel spielen beim Buchweizenanbau kaum eine Rolle. Denn durch Düngen bilden die Pflanzen zwar mehr Blätter, doch die Ausbeute an Körnern wird nicht größer.

Tee von Buchweizenblättern stärkt die Gefäße, beugt Arteriosklerose vor, hilft bei Durchblutungsstörungen, Venenschwäche und Krampfadern. Die zarten, weißen oder rosafarbenen Blüten locken Bienen an, der Honig ist dunkel und aromatisch.

Reissalat mit Tofu

Zutaten für 4 Portionen

100 g Sushireis oder Mittelkornreis

300 ml Wasser

2 EL natives Kokosöl

200 g grüne Bohnen

100 g Champignons

2 Möhren

250 g Tofu

3 EL Reisessig

Saft von 1 Mandarine

1 EL Sesamöl

Salz nach Belieben

Cayennepfeffer

2-3 EL Sesamsamen

Wissen

Ein proteinreicher Vegan-Salat, der zu jeder Tageszeit passt – auch zum späten Frühstück.

1 Den Reis auf einem Sieb kalt abspülen, dann mit dem Wasser in einen Topf geben und aufkochen. Zugedeckt bei schwacher Hitze 10 Minuten garen. Wieder auf das Sieb abgießen, abtropfen lassen und mit 1 TL Kokosöl zurück in den Topf geben. Den Deckel mit einem Küchentuch umwickeln, fest auf den Topf drücken und den Reis bei schwächster Hitze nachquellen lassen, bis die anderen Zutaten vorbereitet sind.

2 Die Bohnen waschen und putzen und in reichlich kochendem Wasser etwa 10 Minuten garen, dann auf ein Sieb abgießen und abtropfen lassen.

3 Die Pilze putzen, kurz waschen, gut trockentupfen und in Scheiben schneiden. Die Möhren schälen und in dicke Stifte schneiden, den Tofu trockentupfen und in Würfel schneiden.

4 Das restliche Kokosöl im Wok erhitzen und den Tofu darin auf beiden Seiten goldgelb anbraten. Die Tofuwürfel zur Seite schieben, Pilze, Möhren und Bohnen in den Wok geben und unter Wenden etwa 2 Minuten braten. Den Wok von der Kochstelle nehmen und das Gemüse abkühlen lassen.

5 Den Reis in eine Salatschüssel geben, mit dem Reisessig, dem ausgepressten Mandarinensaft und dem Sesamöl mischen. Das Gemüse mit dem Tofu hinzufügen, alles mit Salz und Cayennepfeffer würzen, locker mischen und dann auf Portionstellern verteilen.

6 Die Salatportionen mit dem Sesam bestreuen und servieren, solange der Reis noch warm ist.

Blumenkohl, Brokkoli und Eier

 Alle Jahreszeiten

Zutaten für 4 Portionen

1 kleiner Blumenkohl

1 mittelgroßer Brokkoli

5 eingelegte getrock-nete Tomaten in Öl

1 kleine rote Zwiebel

3 EL Weißwein- oder Sherryessig

1 TL scharfer Senf

3 EL Öl der Tomaten

1 Stück junger Pecorino (etwa 70 g)

1 Handvoll Basilikum

4 Eier

Salz nach Belieben

Frisch gemahlener Pfeffer

1 Blumenkohl und Brokkoli in Röschen teilen, waschen und in reichlich Wasser bissfest kochen. Dann auf ein Sieb abgießen, den Sud auffangen (→ Punkt 3 und Tipp) und den Blumenkohl und Brokkoli in eine Salatschüssel geben.

2 Die getrockneten Tomaten in Stücke schneiden, die Zwiebel schälen und fein zerkleinern und beide Zutaten in die Salatschüssel geben.

3 Vom lauwarm abgekühlten Sud 5 EL abnehmen, mit Essig, Senf und dem Öl der Tomaten verrühren und über die Zutaten in der Schüssel gießen.

4 Den Käse in Stückchen oder Streifen schneiden, das Basilikum waschen, trockentupfen, die Blätter abzupfen und fein zerkleinern. Beide Zutaten zum Salat in die Schüssel geben, alles mischen und den Salat zugedeckt bei Zimmertemperatur 15 Minuten ziehen lassen.

5 Inzwischen die Eier in 8 Minuten hart kochen, dann abgießen, kalt abschrecken, schälen und achteln. Den Salat mit Salz und Pfeffer abschmecken und mit den Eiern belegt servieren.

Tipp
Der Salat passt zum Mittag- und zum Abendessen, denn Eier, Blumenkohl und Brokkoli sind leicht verdau-lich, die Käsemenge im Salat sehr gering.

Gut zu wissen

Den Rest des Suds nicht wegschütten, sondern zum Kochen von Gemüsebrühe oder für eine Suppe verwen-den. Wichtig: Gemüse immer ohne Salz im Wasser kochen – das schont Vitamine und Mineralstoffe.

Obstsalat mit Ricotta

**Zutaten für
4 Portionen**

Für die Sauce
2 reife Bananen

1 EL Vanillezucker

Saft von 1 Limette

100 g Buttermilch

Für den Salat
2 Orangen

3 reife Kiwis

2 Äpfel

2 Handvoll Rucola

200 g Ricotta

1 Für die Sauce die Bananen schälen und in Stücke teilen. Dann mit dem Vanillezucker, dem ausgepressten Limettensaft und der Buttermilch im Mixer pürieren.

2 Die Orangen schälen, in Filets teilen und in eine Salatschüssel geben. Dabei über der Schüssel arbeiten, um den abtropfenden Saft aufzufangen.

3 Die Kiwis schälen und würfeln, die Äpfel waschen oder ebenfalls schälen, dann vierteln, vom Kerngehäuse befreien und in Scheiben schneiden. Die Rucola waschen, trockentupfen und grob zerkleinern. Alle Zutaten zu den Orangen geben.

4 Die Sauce hinzufügen, alles mischen, dann den Salat auf Portionstellern verteilen und den Ricotta in kleinen Stücken darauf anrichten.

Ziegenkäse mit Beerensalat

Zutaten für 4 Portionen

100 g Heidelbeeren

100 g Brombeeren

4 EL Karottensaft

1 EL Honig

1 EL dicker roter Balsamessig

1 TL Kürbiskernöl

250 g Himbeeren

4 kleine runde Ziegen-frischkäse

1 EL gehackte Mandeln

Frisch gemahlener Pfeffer

1 Die Heidelbeeren und die Brombeeren mit kaltem Wasser waschen, abtropfen lassen und mit dem Karottensaft einmal aufkochen.

2 Den Topf von der Kochstelle nehmen, die Beeren etwas abkühlen lassen, dann im Mixer pürieren und mit Honig, Balsamessig und Kürbiskernöl mischen.

3 Die Himbeeren waschen, abtropfen lassen und noch trockentupfen. Die vier Ziegenkäse auf Portionsteller legen, mit den pürierten Beeren überziehen, Himbeeren und Mandeln darauf verteilen und mit Pfeffer bestreuen.

Tipp

Beide Salate passen zu Brunch oder spätem Frühstück: Der Käse spendet reichlich Calcium, die Fruchtsäuren des Obstes unterstützen die Verdauung.

Ballaststoffe nutzen

Jeder Salat ist ein wesentlicher Bestand-
teil gesunder Ernährung. Denn Pflanzen
mit ihren unterschiedlichen Ballaststoff-
kombinationen tragen zu einem stabilen
Immunsystem bei.

Linsen, Graupen und Spargel

Zutaten für
4 Portionen

75 g Linsen

75 g Gerstengraupen

400 ml Gemüsebrühe

1 TL getrockneter Thymian

3 EL Himbeer- oder Johannisbeeressig

5 EL Olivenöl

1 rote Zwiebel

8 Stangen grüner Spargel

4 Blätter Radicchio

1 rote Spitzpaprikaschote

Salz nach Belieben

Frisch gemahlener Pfeffer

Tipp
Ein Vegan-Salat zum Sattessen, der mittags am besten passt. Wer Käse mag: Gorgonzolawürfel schmecken als Topping.

1 Die Linsen und die Graupen mit der Gemüsebrühe und dem Thymian aufkochen und zugedeckt bei schwacher Hitze in 45 bis 60 Minuten gerade eben weich garen.

2 Dann mit der verbliebenen Garflüssigkeit in eine Schüssel geben. Den Essig und 2 EL Olivenöl daruntermischen und die Linsen mit dem Getreide lauwarm abkühlen lassen.

3 Inzwischen die Zwiebel schälen, halbieren und in hauchfeine Streifen schneiden. Den Spargel waschen, die Stangen im unteren Drittel dünn schälen, dann schräg in Streifen schneiden.

4 Das restliche Öl in einer Pfanne erhitzen. Die Zwiebel und den Spargel darin unter Rühren etwa 3 Minuten bei mittlerer Hitze braten, bis der Spargel gerade eben bissfest ist. Dann in eine Salatschüssel geben, die Linsen und die Graupen hinzufügen und mischen.

5 Den Radicchio waschen, trockentupfen und grob zerkleinern. Die Paprikaschote waschen und der Länge nach halbieren, den Stiel und die Trennwände mit den Kernen entfernen, die Schote dann klein würfeln. Beide Zutaten zum Salat in der Schüssel geben, den Salat mit Salz und Pfeffer abschmecken und lauwarm servieren.

Variante

Außerhalb der Spargelsaison schmeckt der Salat mit Vollkorn-Croûtons: Linsen und Graupen wie oben zubereiten, mit Paprikaschote und Radicchio oder gewürfelten Tomaten und Romanasalat mischen. Die Zwiebel mit 2 Scheiben gewürfeltem Vollkornbrot im Öl braten und auf dem Salat anrichten.

Couscoussalat

Sommer
Herbst

Zutaten für 4 Portionen

100 g Instant-Couscous

1 TL Salz

1 große Messerspitze gemahlener Kreuzkümmel

4 EL Olivenöl

1 kleine Salatgurke

2 Tomaten

1 kleiner Romana-Salat

1 dünne Frühlingszwiebel

1 Handvoll kleinblättriges Basilikum

1 Handvoll Minze

1 EL Mandeln

Saft von 1 Zitrone

Frisch gemahlener Pfeffer

4 große Blätter roter Chicorée oder Radicchio zum Anrichten (→ Tipp)

1 Das Couscous mit Salz und Kreuzkümmel in einer Schüssel mischen. 1 EL Öl hinzufügen, das Couscous mit knapp 1/4 Liter kochendem Wasser übergießen und zugedeckt quellen lassen, bis die anderen Zutaten vorbereitet sind.

2 Die Gurke und die Tomaten waschen und abtrocknen. Die Tomaten klein würfeln, die Gurke in Stifte hobeln und beide Zutaten in eine große Salatschüssel geben.

3 Den Salat in die Blätter teilen, waschen, trockenschleudern und in feine Streifen schneiden. Die Frühlingszwiebel putzen, waschen und mit den saftigen grünen Blättern schräg in Scheibchen schneiden. Das Basilikum und die Minze waschen, trockentupfen und grob zerkleinern.

4 Alle Zutaten in die Salatschüssel geben, Couscous, Mandeln, den ausgepressten Zitronensaft, Pfeffer und das restliche Öl hinzufügen. Den Salat mit einer Gabel mischen und mit Salz abschmecken.

5 Die Radicchioblätter waschen, trockentupfen und auf Portionsteller legen, dann mit dem Salat füllen und sofort servieren.

Tipp

Ein Salat zum Sattessen für mittags und abends, denn Couscous ist leicht verdauliches Getreide. Gurke, Tomaten und Kräuter machen gewöhnlich auch dann keine Probleme, wenn man Rohkost abends nicht so gut verträgt. Als essbare Schälchen nehmen Sie lange, rote Chicoréeblätter (→ Seite 13), die sich gut von der Staude ablösen lassen.

Herbst

Winter

Rote Beten und rosa Grapefruit

**Zutaten für
4 Portionen**

4 mittelgroße
Rote Beten

1 daumenlanges
Stück Ingwer

4 EL Erdnussöl

1 rosa Grapefruit

1 EL Sanddornsaft

1 EL Balsamessig

1 EL körniger Senf

Salz nach Belieben

Frisch gemahlener
Pfeffer

1 Die Roten Beten schälen und raspeln, den Ingwer
schälen und sehr fein zerkleinern. Beide Zutaten in einer
Pfanne mit dem heißen Öl unter Rühren etwa 3 Minuten braten, dann in eine Salatschüssel geben.

2 Die Grapefruit schälen, in die Filets teilen und diese
aus den Häutchen schneiden. Dabei über der Schüssel
arbeiten, damit der Saft in die Roten Beten abtropft.
Sanddornsaft, Essig und Senf zugeben und alles mischen. Den Salat mit Salz und Pfeffer abschmecken.

Tipp

Ein Beilagensalat mit viel Vitamin C zu Eiweißreichem:
Fleisch, Fisch, Frikadellen mit Hülsenfrüchten oder
Tofu. Ingwer wärmt den Magen und lässt wie Grapefruit
die Verdauungssäfte fließen.

Rotkohl und Apfelsauce

Herbst   Winter

Zutaten für 4 Portionen

1 kleiner Kopf Rotkohl (etwa 500 g)

1/2 TL Salz

2 säuerliche Äpfel

2 EL Essiggemüse (Glas)

150 g Vollmilchjoghurt

2 EL saure Sahne

1 EL geriebener Meerrettich (Tube oder Glas)

1 TL brauner Zucker

Frisch gemahlener Pfeffer

1 Den Rotkohl vierteln, putzen, waschen und in feine Streifen hobeln. Die Streifen in einer Schüssel mit Salz mischen, mit einem Holzlöffel durchrühren und dabei kräftig zusammenpressen, damit der Kohl mürbe wird.

2 Die Äpfel vierteln, schälen, vom Kerngehäuse befreien und grob raspeln. Das Essiggemüse grob zerkleinern. Beide Zutaten mit Joghurt, saurer Sahne und Meerrettich verrühren und über den Rotkohl geben. Den Salat mischen, mit grobem Pfeffer abschmecken und vor dem Servieren etwa 30 Minuten bei Zimmertemperatur zugedeckt ziehen lassen.

Tipp

Mit Bratkartoffeln oder Pellkartoffeln ist der Salat eine eiweißreiche Mahlzeit, die für gute Verdauung sorgt.

Kartoffeln, Gürkchen und Ei

**Zutaten für
4 Portionen**

800 g festkochende
Kartoffeln

2 große saftige
Gewürzgurken

1 Zwiebel

2 EL Essig

3 Eier

2 EL Vollmilchjoghurt

4–5 Radieschen

1 Bund Schnittlauch

Salz nach Belieben

Frisch gemahlener
Pfeffer

1 Die Kartoffeln waschen und mit der Schale in wenig Wasser weich kochen. Abgießen, kalt abschrecken, schälen und in etwa 1/2 cm dicke Scheiben schneiden.

2 Die Gewürzgurken würfeln, die Zwiebel schälen und fein zerkleinern. Beide Zutaten zu den Kartoffeln geben, den Essig hinzufügen und den Salat mischen.

3 Die Eier in 8 Minuten hart kochen, dann kalt abschrecken und schälen. 1 Ei halbieren, das Eigelb herauslösen, mit dem Joghurt verrühren und unter den Salat mischen. Die beiden restlichen Eier und das Eiweiß grob hacken.

4 Die Radieschen waschen und würfeln, den Schnittlauch waschen und in Röllchen schneiden. Alles zum Salat geben und locker untermischen. Mit Salz und Pfeffer abschmecken und möglichst lauwarm servieren.

Bratkartoffelsalat *Alle Jahreszeiten*

**Zutaten für
4 Portionen**

600 g kalte
Pellkartoffeln

2 EL Öl

2 dicke Möhren

1 Zwiebel

1 Apfel

1 Handvoll Petersilie

3 Blätter Endiviensalat

50 g Gorgonzola

2 EL Joghurt

2 EL Apfelessig

1 EL Kürbiskernöl

Salz nach Belieben

Frisch gemahlener
Pfeffer

1 Die Pellkartoffeln schälen, in Scheiben schneiden und in einer Pfanne mit dem Öl braten, bis sie leicht gebräunt, eventuell auch knusprig sind. Dabei immer wieder wenden.

2 Während die Kartoffeln braten, die Möhren schälen und grob raspeln, die Zwiebel schälen und fein zerkleinern. Den Apfel vierteln, schälen, vom Kerngehäuse befreien und würfeln.

3 Die Petersilie und den Endiviensalat waschen, trockentupfen und fein zerkleinern. Die zerkleinerten Zutaten in einer Salatschüssel mischen.

4 Für das Dressing den Gorgonzola zerdrücken und in einem Schälchen mit Joghurt, Apfelessig und Kürbiskernöl verrühren und über die Zutaten in der Schüssel geben. Die Bratkartoffeln hinzufügen, den Salat mit Salz und Pfeffer würzen und mischen.

Tipp
Kartoffeln sollten Sie genau wie Gemüse immer ohne Salz kochen, damit nicht zu viele Mineralstoffe ins Kochwasser wandern.

Ballaststoffe vermehren

Die Kartoffelsalate auf diesen beiden Seiten sind kalte Hauptgerichte, die Sie wirklich satt machen. Sie enthalten reichlich Ballaststoffe – Bratkartoffelsalat (→ Rezept oben) liefert davon sogar noch sehr viel mehr als der Salat mit Gürkchen und Ei (→ Rezept links). Beide Salate sind auch optimale Proteinspender, weil die Kombination von Kartoffeln und Ei oder Kartoffeln und Milchprodukten wie Käse und Schmand eine hohe biologische Wertigkeit aufweist (→ Seite 11).

Tipp

Sprossen sollten Sie nicht roh essen, sondern immer auf mindestens 70 °C erhitzen, also im Wok braten oder in Brühe kochen.

Bestes Superfood

Kartoffeln sind optimale Ballaststoff-Spender, dazu für viele Menschen leichter verdaulich als Vollkorngetreide und zudem reich an pflanzlichem Eiweiß, das in Verbindung mit Käse, Joghurt, Schmand oder Ei auch besonders wertvoll für die Ernährung ist. Den Ballaststoffgehalt können Sie sogar ganz einfach steigern: Bei frisch gekochten Kartoffeln liegt die Ausbeute für den Organismus bei etwa 3 Prozent, bei gekochten und dann gebratenen Kartoffeln sogar bei 12 Prozent. Der Grund: Wenn Kartoffeln oder auch Nudeln und Getreide gegart und abgekühlt werden, entsteht sogenannte resistente Stärke. Das heißt, die Stärkemoleküle haben sich so verändert, dass wir sie nicht verdauen können. Sie wandern in den Dickdarm, wo sie unsere Darmflora ernähren. Und je besser das Futter für diese winzigen Helfer, desto besser geht es uns: Körper, Geist und Seele profitieren vom gesunden Leben in unserem Bauch.

Kartoffeln sind ein wichtiges Grundnahrungsmittel – reich an gutem Eiweiß, Vitaminen und Mineralstoffen. Die Ballaststoffe nähren die Darmflora und sorgen für ein positives Körpergefühl.

Linsensalat mit Sprossen

Sommer Herbst

Zutaten für 4 Portionen

100 g Linsen

250 ml Gemüsebrühe

3 Handvoll gemischte Sprossen mit Blättchen (→ Seite 20)

1 große rote Zwiebel

1 Handvoll gemischte Salatblätter

1 Flaschentomate

4 EL Öl

1 EL dunkle Sojasauce

2 EL Weißweinessig

Eventuell Salz nach Belieben

Frisch gemahlener Pfeffer

2 TL grob zerstoßene Senfkörner

1 Die Linsen mit der Gemüsebrühe aufkochen und zugedeckt bei schwacher Hitze in 45 bis 60 Minuten gerade eben weich garen, dann mit der verbliebenen Garflüssigkeit in eine Salatschüssel geben.

2 Während die Linsen kochen, die Sprossen waschen und in der Salatschleuder trockenschleudern. Die Zwiebel schälen und in dünne Ringe schneiden, den Salat ebenfalls waschen und trockenschleudern, dann fein zerkleinern. Die Tomate waschen und klein würfeln.

3 Das restliche Öl in einer Pfanne oder im Wok erhitzen und die Zwiebel darin bei mittlerer Hitze glasig braten. Die Sprossen hinzufügen und bei starker Hitze unter ständigem Rühren etwa 3 Minuten schmoren. Dann alles zu den Linsen geben, die Sojasauce und den Essig hinzufügen.

4 Die zerkleinerten Salatblätter und die Tomate zugeben, den Salat mit wenig Salz und einer kräftigen Prise Pfeffer würzen, mischen und möglichst lauwarm servieren.

Variante

Ein Vegan-Salat, der satt macht, weil Linsen reich an pflanzlichem Eiweiß sind und das Öl für die nötige Energie sorgt. Als Beilage passen Kartoffeln oder indisches Fladenbrot. Andere Möglichkeit für Veganer: Mit den Sprossen noch etwa 100 g kleine Champignons, Tofu- oder Seitanstreifen (→ Seite 97) braten und auf dem Salat anrichten. Als vegetarische Variante den Salat mit einem Topping aus gebratenen Fetawürfeln oder mit Parmesanspänen servieren.

Salatbrote mit Avocado

Winter
Frühling

Zutaten für 4 Portionen

Für die Creme

1 kleine Rote Bete

1 EL Olivenöl

1 EL roter Balsamessig

4 EL Gemüsebrühe

1 kleines Stück frischer Meerrettich

250 g Rahmfrischkäse

Salz nach Belieben

1 Prise Zucker

Für die Brote

8 Scheiben Vollkornbrot

1 reife Avocado

Salz nach Belieben

2-3 EL Zitronensaft

2 Handvoll Rucola, Kresse und/oder Brunnenkresse

1 Die Rote Bete waschen, schälen und klein würfeln. Dann in einem kleinen Topf mit dem Olivenöl anbraten. Den Essig und die Brühe zugeben und die Rote Bete in etwa 20 Minuten weich dünsten.

2 Die Rote Bete mit der verbliebenen Brühe in den Mixer geben und etwas abkühlen lassen. Dann den geschälten Meerrettich und den Frischkäse hinzufügen und alles pürieren. Die Creme mit Salz und Zucker abschmecken.

3 Einen Teil der Creme auf 4 Brotscheiben verteilen. Die Avocado halbieren, vom Kern befreien, schälen und in Scheiben schneiden. Die Scheiben auf die Brote legen, mit Salz würzen und mit Zitronensaft beträufeln.

4 Rucola, Kresse und/oder Brunnenkresse waschen, trockentupfen und auf die Avocadoscheiben legen. Die restlichen Brote mit dem Rest der Creme bestreichen und auf die Avocadobrote legen. Die Brote mit Sticks fixieren und nach Wunsch halbieren.

Zum Mitnehmen ...

... ins Büro eignet sich jeder Salat, der *unterwegs* nicht zu viele Vitamine verliert. Wie zum Beispiel diese Salatbrote zum Lunch: Rote Bete für die Creme ist ohnehin gegart, Rucola und beide Kressesorten können Sie verpackt in einer Box mitnehmen und die Avocado frisch aufgeschnitten auf die Brote legen – das dauert etwa 10 Minuten. Vitaminverlust können Sie auch verringern, indem Sie Blattsalat mit Orangenstücken oder mit Zitronensaft mischen. Oder Sie nehmen einfach Gemüsesalat (→ Rezepte Seite 46, 51, 70 und 109) mit, den Sie unmittelbar vor dem Servieren mit frischen Kräutern wie Petersilie, Dill oder Basilikum mischen, die Sie nicht einmal zerkleinern müssen: Blätter abzupfen genügt.

Gemüsesticks mit Dips

Zutaten für
4 Portionen

Für den Topinamburdip

150 g Topinambur

1 kleine Stange Sellerie mit Grün

200 ml Gemüsebrühe

Saft von 1 Zitrone

1 EL Sojasahne

1 EL Walnusskerne

Für den Apfel-Dip

2 mürbe Äpfel

1 EL Zitronensaft

1 große Zwiebel

1 TL getrockneter Thymian

2 EL Öl

5-6 EL naturtrüber Apfelsaft

2 EL Schmand

1 EL scharfer Senf

1 EL Apfelessig

Für die Rohkost

2 dicke Möhren

4 Stangen Sellerie

2 Minigurken (→ Tipp)

Anregung
Die Sticks sind ein vegetarischer Snack mit vielen Ballaststoffen, zu dem Kartoffelchips passen – selbst gemacht oder gute Biokost.

1 Den Topinambur dünn schälen oder gründlich waschen, dann mit dem gewaschenen Sellerie und der Gemüsebrühe in einem Topf aufkochen und zugedeckt bei schwacher Hitze in etwa 10 Minuten sehr weich kochen.

2 Etwas abkühlen lassen, dann mit dem ausgepressten Zitronensaft und der Sojasahne pürieren. Den Dip in Portionsschälchen füllen und mit den gehackten Walnusskernen bestreuen.

3 Für den Apfeldip die Äpfel vierteln, schälen, vom Kerngehäuse befreien und würfeln und mit dem Zitronensaft mischen.

4 Die Zwiebel schälen, fein zerkleinern und mit dem Thymian im heißen Öl bei schwacher Hitze glasig braten. Dann die Äpfel zugeben und kräftig anbraten. Den Apfelsaft unter Rühren zugießen, einmal aufkochen und die Äpfel zugedeckt bei schwacher Hitze in etwa 10 Minuten garen, bis sie weich sind.

5 Schmand, Senf und Apfelessig zugeben und alles kräftig durchrühren, bis der Dip cremig ist.

6 Für die Gemüsesticks die Möhren schälen, Selleriestangen und Gurken waschen, dann alles in Stifte schneiden und zu den Dips servieren.

Tipp

Der Topinambur-Dip ergibt zusammen mit grünem Salat und gebackenen Kartoffeln ein veganes Hauptgericht. Den Apfel-Dip können Sie auch als Dressing für Kohlsalat oder Kartoffelsalat nehmen. Und wenn es im Winter keine Gurken gibt, nehmen Sie dicke Stifte von Knollensellerie und Birnenschnitze.

Amaranth mit Knoblauch

**Zutaten für
4 Portionen**

100 g Amaranthkörner

1-2 Knoblauchzehen

300 ml Wasser

Salz

4 Fleischtomaten

1 kleine Salatgurke

1 Bund Schnittlauch

1 Handvoll Petersilie

4 EL Himbeeressig

1 EL körniger Senf

Cayennepfeffer

8 EL natives Olivenöl

1 Amaranth mit Wasser, geschältem Knoblauch und 1/4 TL Salz aufkochen und zugedeckt bei schwacher Hitze etwa 30 Minuten garen, bis er glasig ist. Dann von der Kochstelle nehmen und zugedeckt abkühlen lassen.

2 Inzwischen die Tomaten und die Gurke waschen und trockentupfen, dann klein würfeln. Den Schnittlauch und die Petersilie waschen, trockentupfen und fein zerkleinern. Alle Zutaten zum Amaranth geben.

3 Essig, Senf, eine kräftige Prise Cayennepfeffer und Öl hinzufügen und alles mischen. Den Salat mit Salz abschmecken und servieren.

Wissen

Amaranth wächst als Salatpflanze auch im Garten und nützt dem Boden, weil er mit seinen feinen Wurzeln die Erde lockert. Öko-Landwirte bauen Amaranth an, um Ackerböden zu regenerieren.

Gut für den Bauch

Amaranth pflegt den Darm ähnlich wie Ballaststoffe, ist aber besonders leicht verdaulich: Die winzigen Stärkemoleküle in den Körnern können laut Untersuchungen fünfmal schneller verdaut werden als zum Beispiel Maisstärke. Außerdem nehmen die Körner reichlich Wasser auf, sodass die Nahrung rasch transportiert wird. Als Salatpflanze wächst Amaranth im Garten (→ oben), als Körner, Mehl und Flocken bekommt man ihn im Biohandel. Dazu gibt es auch eine ganze Auswahl von Gebäck, Müsli und Müsliriegeln mit den glutenfreien Körnern, denn sie gelten als sehr gesund: Eisen, Calcium und Magnesium sind in Amaranth um ein Vielfaches stärker vertreten als in Getreide – vom knochenfreundlichen Calcium enthält er sogar fünfmal mehr als Weizen, vom Nervenschoner Magnesium mehr als das Doppelte. Das Eisen aus den Körnern kann der Organismus mit Vitamin C gut verwerten, zum Beispiel mit Petersilie im Salat.

Hülsenfrüchte und Getreide

**Zutaten für
4 Portionen**

100 g Minestrone-
Mischung (→ Kasten)

300 ml Gemüsebrühe

50 g Hirse, Amaranth
oder Quinoa

100 g Dicke-Bohnen-
Kerne, frisch
oder tiefgeforen

3 EL natives
Maiskeimöl

Saft von 1 Limette

1 EL Himbeersirup

3 Möhren

1 Handvoll Petersilie

Tipp
Ein Vegan-Salat, reich an Pflanzenprotein und Ballaststoffen, der solo oder zu gebratenem Gemüse schmeckt.

1 Die Minestrone-Mischung etwa 12 Stunden in kaltem Wasser quellen lassen. Das Wasser dann abgießen und die Mischung mit der Gemüsebrühe in einem Topf aufkochen und zugedeckt bei schwacher Hitze 30 Minuten kochen lassen.

2 Hirse, Amaranth oder Quinoa zugeben, erneut aufkochen und alles in weiteren 15 bis 20 Minuten gerade eben weich garen. Dann von der Kochstelle nehmen und im offenen Topf lauwarm abkühlen lassen.

3 Inzwischen die Dicken-Bohnen-Kerne mit 1 EL Maiskeimöl in einer Pfanne bei schwacher Hitze unter Rühren dünsten, bis sie intensiv grün sind. Dann in eine Salatschüssel geben, die Minestrone-Mischung mit der verbliebenen Brühe, den ausgepressten Limettensaft und den Himbeersirup hinzufügen, alles mischen und zugedeckt 20 Minuten ziehen lassen.

4 Die Möhren waschen oder schälen und in kleine Stücke schneiden. Die Petersilie waschen, trockentupfen und fein zerkleinern. Den Salat mit beiden Zutaten mischen, mit Salz und Pfeffer abschmecken.

Zum Kennenlernen

Minestrone-Mischung gibt es in Naturkostläden und Reformhäusern. Die Mischung für die bekannte italienische Gemüsesuppe besteht aus verschiedenen Hülsenfrüchten, Getreide und Sonnenblumenöl – alles aus biologischem Anbau. Sie ist ideal für vegetarischen und veganen Salat mit gesunden Ballaststoffen. Die bunten Möhren (→ Bild rechts) in Orange, Rot und Gelb können Sie selbst anbauen oder beim Biogärtner kaufen. Dicke Bohnen stammen ebenfalls aus Eigenbau; zu kaufen gibt es sie beim Biogärtner oder im türkischen Lebensmittelgeschäft. Die gepalten Kerne eignen sich gut zum Einfrieren und schmecken roh, gekocht oder gebraten.

Herbst

Winter

Sauerkraut mit Birnendressing

**Zutaten für
4 Portionen**

1 dicke Möhre

400 g Sauerkraut

1 kleine reife Birne

5 EL naturtrüber
Apfelsaft

Saft von 1 kleinen
Mandarine

1 TL Senf

2 EL Erdnussöl

Salz nach Belieben

Frisch gemahlener
Pfeffer

1 Die Möhre schälen und grob raspeln, dann mit dem Sauerkraut in eine Salatschüssel geben und das Kraut mit zwei Gabeln zerpflücken.

2 Die Birne vierteln, schälen, vom Kerngehäuse befreien und würfeln. In den Mixer geben, den Apfelsaft und den ausgepressten Mandarinensaft hinzufügen und mixen. Das Dressing mit Senf und Öl verrühren und den Salat damit mischen. Mit Salz und Pfeffer abschmecken und mit Vollkornbrot zum Lunch servieren.

Gut zu wissen

Sauerkraut ist so gesund, weil sein Vitamin-C-Gehalt auch beim Lagern nicht abnimmt. Seine Ballaststoffe sorgen für eine geregelte Verdauung, und die Bio-Aktivstoffe bremsen die Bildung krebserregender Stoffe.

Lauwarmer Rosenkohlsalat

Winter

**Zutaten für
4 Portionen**

400 g Rosenkohl

1 Zwiebel

4 EL Olivenöl

Salz nach Belieben

Frisch gemahlener
Pfeffer

80 ml Gemüsebrühe

1/2 TL scharfer Senf

2 EL Himbeer- oder
Apfelessig

1 Den Rosenkohl waschen und putzen. Alle kleineren Röschen am Strunk kreuzweise einschneiden, von den großen Röschen die Blätter ablösen, bis nur noch ein fingernagelgroßes »Herzchen« übrig ist.

2 Die Zwiebel schälen, in feine Ringe schneiden und in einer Pfanne mit heißem Öl bei mittlerer Hitze goldbraun braten. Den Rosenkohl – Röschen, Blätter und Herzchen – zugeben und unter Wenden anbraten. Dann mit Salz und Pfeffer würzen, die Brühe zugießen und den Rosenkohl knapp 5 Minuten schmoren.

3 Die Pfanne von der Kochstelle nehmen und den Rosenkohl lauwarm abkühlen lassen. Nun den Senf und den Essig untermischen, den Salat noch einmal abschmecken und lauwarm servieren: Er schmeckt als Beilage zu Fleischfrikadellen oder Kartoffelpuffern.

Obstsalat mit Vanillequark

**Zutaten für
4 Portionen**

Für den Quark

300 g Magerquark

150 g Schmand

1 EL Vanillezucker

1 EL Agavensirup

1-2 TL Zitronensaft

Für den Salat

2 Orangen

2 Äpfel

2 Birnen

300 g Himbeeren,
Heidelbeeren und
Erdbeeren gemischt

1 EL Orangen-
marmelade

2 EL Karotten-
Sanddornsaft

4-5 Vollkornkekse

2 EL Walnusskerne

1 Den Quark mit Schmand, Vanillezucker, Agavensirup und Zitronensaft glattrühren.

2 Die Orangen mit einem scharfen Messer so schälen, dass auch die weiße Haut entfernt wird. Dabei über der Salatschüssel arbeiten, um den abtropfenden Saft aufzufangen. Die Orangen dann in Filets teilen und in die Schüssel geben.

3 Die Äpfel und Birnen waschen oder schälen, vierteln, vom Kerngehäuse befreien, in Stücke schneiden und zur Orange geben. Die Beeren verlesen, in einer Schüssel mit kaltem Wasser waschen und auf einem Sieb abtropfen lassen. Einige Beeren für die Garnierung auf einen Teller legen, den Rest in die Salatschüssel geben.

4 Die Marmelade und den Karotten-Sanddornsaft hinzufügen und den Salat mischen. Die Vollkornkekse fein zerbröckeln, die Nüsse grob hacken.

5 Schichtweise den Obstsalat und den Vanillequark in hohe Portionsgläser füllen und jeweils mit Keksen und Nüssen bestreuen. Die Portionen mit den restlichen Beeren garnieren und servieren. Der Salat passt zu jeder Tageszeit und schmeckt auch gut zum Frühstück.

Frühes Obst

Wenn es gerade noch Erdbeeren gibt, wenn wir Himbeeren und Heidelbeeren pflücken können, reifen auch schon die ersten frühen Äpfel und Birnen: Jakobsapfel, Augustapfel oder Klarapfel heißt die Traditionssorte, die nur wenige Tage knackig und saftig für den Salat ist, danach schon mürbe wird und sich wunderbar für Kuchen und Kompott eignet. Ähnlich Williamsbirnen: Frisch vom Baum sind sie saftig, dann leicht mehlig, aber ganz köstlich als Kompott.

Nützliche Adressen

Handel

Eine gut gemachte Internetseite, auf der Sie ohne Mühe einen Hofladen in Ihrer Nähe finden, ist **http://www.erzeuger-direkt.de/**

Greenpeace hat eine Liste der Fische erstellt, die man noch essen kann, ohne die Bestände weiter zu schwächen: **www.greenpeace.de/fischratgeber**.

Informationen zum Thema »Fisch aus ökologischer Aquakultur« finden Sie auf den Websites **www.naturland.de** und **www.oeko-fair.de**.

Gutes Fleisch aus artgerechter Tierhaltung gibt es im Naturkosthandel, bei Bio-Bauern, und man kann es im Internet bestellen, zum Beispiel bei **www.neuland-fleisch.de**.

www.mundraub.org: Die Vereinigung »Mundraub« stellt Karten mit Fundorten ins Netz, wo Sie Kräuter, Obst und andere Pflanzenlebensmittel ganz legal sammeln und ernten können – zum Beispiel Streuobstwiesen oder Bärlauchfelder.

www.genussgemeinschaft.de: Hier haben Sie die Möglichkeit, eine Einkaufsgemeinschaft zu gründen oder einer bestehenden beizutreten. Man bestellt monatlich per E-Mail, ein Mitglied holt die Waren von den Bauern ab, bringt sie zu einer Sammelstelle. Die Gemeinschaften gibt es bis jetzt nur in München, doch auf der Website finden Sie Familien- und Kleinbetriebe in ganz Süddeutschland und einigen anderen Bundesländern.

Vereine und Initiativen für Biodiversität

- Arche Noah **www.arche-noah.at**

- Kultursaat e. V. **www.kultursaat.org**

- VEN Verein zur Erhaltung der Nutzpflanzenvielfalt e. V.
  www.nutzpflanzenvielfalt.de

- Zukunftsstiftung Landwirtschaft
  www.zs-l.de

Auf den Websites der Vereine finden Sie auch interessante Termine, Datenbanken und Tauschbörsen für Samen, Unterschriftenlisten sowie Informationen für Mitglieder.

Bezugsquellen

- Pflanzkartoffeln und Samen
  Bioland-Hof Jeebel Biogartenversand
  Jeebel 17
  29410 Salzwedel
  www.biogartenversand.de
  Der Katalog enthält gute, ausführliche Anbautipps.

- Hochwertige Bio-Samen für Online-Versand und Versand mit Bestellformular gibt es bei Dreschflegel, einem Zusammenschluss verschiedener Bio-Betriebe:
  Dreschflegel GbR
  In der Aue 31
  37213 Witzenhausen
  www.dreschflegel-saatgut.de

- Samen für Gemüse, Tomaten, Kräuter und Salat gibt es online bei Bio-Saatgut:
  www.bio-saatgut.de

Register

Rezeptregister

Sachregister

Dr. Barbara Rias-Bucher

DIE BIORHYTHMUS-KÜCHE

Saisonale Ernährung im Einklang mit der inneren Uhr

17,95 € (D) / 18,50 € (A), ISBN 978-3-86374-278-2
Klappenbroschur, durchgehend farbig, 222 Seiten

Ernährung im Biorhythmus heißt, Lebensmittel als kostbare Geschenke der Natur zu begreifen. Mit ihren vielfältigen Farben und Formen begleiten sie uns durchs Jahr und versorgen uns mit allem, was wir zum Leben brauchen. Anstatt Nahrungsmittel durch intensive Landwirtschaft und Überproduktion zu verschwenden und zu verderben, müssen wir wieder lernen, sie komplett zu verwerten und auch mit Resten zu kochen.

Die Biorhythmus-Küche weist den Weg zu einer ausgewogenen, ökologisch sinnvollen und gesunden Ernährung. Sie ist achtsam gegenüber Natur und Tieren und erhält uns mit frischer, authentischer Nahrung sowie idealerweise auch mit Selbstversorgung gesund.

Dr. Barbara Rias-Bucher

HEIMISCHE SUPERFOODS

Natürliche Lebensmittel und ihre positive Wirkung – Gesundes vom Markt und aus eigenem Anbau – Über 90 Rezepte mit regionalen Zutaten

17,95 € (D) / 18,50 € (A), ISBN 978-3-86374-240-9
Klappenbroschur, durchgehend farbig, 222 Seiten

„Superfoods" gelten als besonders nährstoffreich und kommen meist von weit her. Doch wertvolle Geschenke der Natur, die nachweisbar positiv im Organismus wirken, gibt es auch direkt vor der eigenen Haustür!

Dieser Ratgeber erklärt Ihnen, was Sie über Superfoods wissen müssen, und konzentriert sich dabei auf Produkte, die bei uns wachsen und daher leicht zu beschaffen sind oder selbst angepflanzt werden können. Neben reich bebilderten Porträts der pflanzlichen „Stars" sowie vielen praktischen Tipps für die gesunde und natürliche Ernährung laden zahlreiche schmackhafte Rezepte zum Nachkochen und Probieren ein.

Dr. Barbara Rias-Bucher

SMOOTHIES FÜR KÖRPER, GEIST UND SEELE

Feine Drinks aus dem Mixer – Genuss von schlank bis nahrhaft
51 Rezepte, dazu Tipps und Tricks

7,99 € (D) / 8,20 € (A), ISBN 978-3-86374-164-8
Klappenbroschur, durchgehend farbig, 95 Seiten

„Sie sind auch für Vegetarier erlaubt und eine gesunde Erfrischung: Smoothies (…) liefern wichtige Nähr- und Ballaststoffe. Den Kompakt-Ratgeber ‚Smoothies für Körper, Geist und Seele' hat die bekannte Kochbuchautorin und Ernährungsexpertin Dr. Barbara Rias-Bucher den frischen Fitmachern gewidmet."
Gesundheit & Wohlbefinden (Die RHEINPFALZ)